Ⓢ新潮新書

兼原信克　佐々木豊成
KANEHARA Nobukatsu　*SASAKI Toyonari*
曽我 豪　髙見澤將林
SOGA Takeshi　*TAKAMIZAWA Nobushige*

官邸官僚が本音で語る
権力の使い方

989

新潮社

はじめに

平成時代（1989〜2019年）の日本政治は、混乱と動揺の中にあった。1991年のソ連崩壊により、日本政治を内から分断してきた冷戦が終わり、いわゆる55年体制の硬直した政治に辟易していた国民は変化を求めた。93年には、戦後長く政権を独り占めにしてきた自民党が下野し、自民・共産を除く八党連立政権が成立した。その後、自民党と社会党の連立政権、自民党と公明党の連立政権、民主党政権と目まぐるしく政権が交代した。新生党、新党さきがけ、新進党、自由党、保守党などといった大小の政党が現れては消えた。さらに参議院を野党に奪われて衆参両院の多数党がねじれるという現象が頻繁にみられるようになった。

この時代は後世、国民が主権を行使した平成デモクラシーの時代と呼ばれるのではないだろうか。目覚めた国民は、政と官の関係を大きく揺さぶった。

東西が対峙していた冷戦中は、日米同盟派の自民党とソ連寄りの社共両党が安全保障政策を巡って全面的に対決していたが、国会を一歩出れば、政策の企画・立案・実施は霞が関の官僚に丸投げされていた。与党の中に族議員が生まれ、官僚と族議員が結託した縦割り軍団がいくつもできて、互いにしのぎを削った。その自然調和の上に、権威は高いが実権の小さい総理官邸が載っていた。それが昭和の日本政治だった。

その姿は、鎌倉時代以降の日本の伝統的政治構造そのままだった。実権を失った天皇を頂く朝廷は、高い権威を保ったまま祭りあげられた。下界では個々のサムライ集団が覇権を求めて激しい権力闘争を繰り広げた。その構図は、天皇親政を復活させた明治憲法下でも変わらなかった。天皇の権威は高かったが、実権は帝国陸海軍や官僚集団が独占し、政府と予算の主導権を巡って、同じように激しい権力闘争を繰り広げた。大日本帝国は国家としての意思を持てないまま、そして陛下の意思に反して、太平洋戦争に突入し崩落した。

戦後、昭和憲法に代わり、天皇陛下は象徴の地位に上られ、政治と軍事の実権は総理大臣に移った。しかし、戦後の総理大臣もまたある種の象徴であった。素晴らしい個性と才能をもった幾人かの総理の時代を除けば、総理官邸に霞が関諸官庁の政策を調整する力は乏しかった。

日本国の近代憲法が採択した国民主権、民主主義の制度は本来、タスキをかけて町々で辻説法する国会議員が、国民世論の風を全身で受けて国会に乗り込み、国会で国民のエネルギーを充塡した総理大臣が官邸に乗り込んで、霞が関の官僚集団を自分の意思で動かす仕組みのはずである。そうしてこそ国民主権である。

今、日本でもようやく本物の民主主義が胎動し始めている。権力行使を独占してきた官僚の政治的な力が落ち、立法府の力が上がってきた。だからこそ、政治家には族議員を脱皮して、国益本位で考えてほしい。立法府から送り込まれる総理大臣には、その大権をもって霞が関全体を駆動できるようになってほしい。

とはいえ日本政府はとても大きい。巨大なタンカーのようなものである。突然の政局で総理大臣に指名されたからといって、その日から日本政府全体を思うように動かすことは難しい。それでも、総理に指名された政治家には、最初からフルパワーで働いて貰わねばならない。だとしたら予め総理官邸の動かし方についての予備知識、一種の「トリセツ(取扱説明書)」があった方がよいのではないか。本書はこうした考えから、これから高い志を持って政界に入ろうとする若人、さらには既に政界に入り国家の重責を担っていく覚悟を持つ若き政治家の方々を念頭に企画したものだ。

本書の著者3人（佐々木豊成、高見澤將林《のぶしげ》、兼原信克）は、いずれも第2次安倍（晋三）政権時に内閣官房副長官補を務めた。財務省出身の佐々木氏が内政、防衛省出身の高見澤氏が安全保障と危機管理、外務省出身の兼原が外政という担当である。歴代最長の在任期間を記録し、官邸主導と言われた安倍政権は、平和安全法制の制定やTPP（環太平洋パートナーシップ協定）の成立、さらには2度の消費税増税など、難題とされた数々の課題に取り組み、実際に成果を上げてきた。時に激しい政治的バッシングを浴びながらも、なぜそうした課題に取り組むことができたのか。同時に、積み残した課題は何なのか。そうした点について、同じ釜の飯を食った者同士で率直に語り合った。官邸の外からの批判的な視点も頂きたいと思い、平成の政治動乱をつぶさに見てこられた曽我豪・朝日新聞元政治部長にも座談の場に加わって頂いた。本書は、その座談の記録である。政治家を志す人々、これからの日本を背負う若い政治家に、わずかでも役立ってくれれば、著者として望外の喜びである。

座談会は2022年7月6日に東京・神楽坂の新潮社で行われた。その2日後、我々がお仕えした安倍元総理の暗殺という衝撃的な事件も起きたが、基本的な事実関係などは座談会当時のままとした。
本書の執筆に当たっては、新潮新書編集部の横手大輔氏に大変お世話になった。横手氏のご助力なくして、この本が世に出ることはなかった。この場を借りて御礼申し上げたい。

令和5年(2023年)2月

兼原　信克

官邸官僚が本音で語る権力の使い方——目次

第四章　予算編成、財政、通商問題

第五章　インテリジェンス　

第一章　官邸主導の虚実

兼原　本日はご多忙のところ、お集まり頂きありがとうございます。佐々木さんと髙見澤さんと私は、総理官邸に入った時期は多少前後しますが、第2次安倍政権が立ち上がった頃にみな内閣官房副長官補として政府にお仕えしていました。財務省出身の佐々木さんが内政、防衛省出身の髙見澤さんが安全保障と危機管理、外務省出身の私が外政全般、という役割分担でした。

「官邸主導」と言われた安倍晋三総理は、憲政史上最長の在任期間を記録しています。私見では、第2次安倍政権が長く続いた理由は、安倍晋三総理と麻生太郎副総理兼財務大臣のお二人が、2回目の政権担当であったことが大きかった。私も外務省から内閣に行って初めて実感したのですが、日本政府はものすごく大きな組織です。巨艦です。初めてだったら、素人ドライバーが10トントラックを運転するようなもので、車体が大きすぎ、計器が複雑すぎて、運転の仕方が分からない。政治主導は今後も強くなっていくので、政治家には本当に政府を巧みに操縦して欲しいのですが、通常、日本では1年2年で総理が替わっていきます。それでは、ほとんどの総理が「若葉マーク」のままで終わってしまうことになります。政権を担当したら、政治家には最初から国家、国民のためにフルパワーで働いて貰わなければなりません。

そこで、未来の総理大臣となる若い政治家や、政治を志す若者を念頭に、私たちの経験の中でお伝えできるものがあれば「トリセツ」にして残しておこうと考え、本日皆さんにお集まりいただいた次第です。外からの批判的な視点もぜひ頂きたいと思い、この30年の政治改革の流れを政治記者として間近で観察してこられた朝日新聞元政治部長の曽我さんにも加わって頂きました。

早速、本題に入っていきます。今の政治は完全に政治主導になっており、明らかに昭和の官僚主導とは違ってきました。そもそも総理官邸がどうしてこんなに強くなったのか、強くなってうまく機能しているのか、その辺の評価も含めて、近年の大きな流れを最初に曽我さんからお話し頂ければと思います。

「政治主導」がうたわれた平成の政治改革

曽我　昨年の衆院選に続きこの参院選（注：2022年7月10日投票）で岸田文雄自公政権が勝利しても、岸田官邸の実行力が問われるのはそれからです。本日の座談会は政治主導を考え直すうえで非常に時宜にかなった企画で、取材記者としても皆さんの証言を聞けるのがとても楽しみです。よろしくお願いいたします。

私が政治記者になったのは1989年、すなわち平成元年の4月でした。当時は竹下登政権で、政権末期の総理番から始めました。つまり昭和の自民党長期政権時代の終焉とそれに続く平成の政治改革を、政治記者としてどっぷりと体験してきたことになります。

振り返って実感するのは、平成元年というのは本当に歴史の節目だったな、ということです。天安門事件があって、ベルリンの壁が崩壊して、バブル経済がピークを迎えた。私が政治記者になった4月1日は、消費税が導入された日でもありました。東西冷戦構造が壊れ地域紛争が多発する時代に入り、経済成長のパイを分配すれば良い時代ではなくなる。政局的に言うと、89年7月の参院選で自民党が結党以来初めて、二院の片方である参院で大きく過半数割れをします。政策、外交、安全保障、政局のどの面を見ても、

曽我豪（そが・たけし）
1962年三重県生まれ。朝日新聞東京本社政治部編集委員。85年に東京大学法学部を卒業後、朝日新聞社に入社。熊本支局、西部本社を経て、89年に東京本社政治部に異動し、総理番、梶山静六自民党幹事長番などを担当。『週刊朝日』『論座』編集部勤務などを経て、2011〜14年に朝日新聞政治部長。15〜19年、東京大学大学院法学政治学研究科客員教授。

昭和の自民党政治が限界に来ているという共通の時代認識を、政治家も我々政治記者たちも持つようになっていました。

政治改革には、私なりに解釈すると二つの目標があったと思います。一つは政治主導。もう一つは政権交代可能な二大政党制です。政治の意思決定をそれまでの利害調整型から政治主導型に変えていく場合、政権の側は自らの政策（プランA）をきちんと明示する形で押し出していかなきゃいけない。そのプランAがうまくいかなくなった時に取って代わる政権、つまり野党は、プランAに代わる案（プランB）を持つ必要がある、ということでした。そういう点では、平成の終わりに返り咲いた第2次安倍政権で、前者の政治主導の方は飛躍的に進みました。罪は罪として認定するとしても、この点は政権の功として、安倍政権に批判的だった朝日新聞の記者である自分もきちんと確認しておきたいと考えます。

一方で二大政党制の方は定着には程遠い状況です。平成の半ばに民主党政権があり、首相直属の国家戦略局をつくる構想など試行的な動きはありましたが、まさに政治主導の弱さを見せて崩壊してしまった。

ただ、私は安倍氏本人にも言ったことがありますが、コロナ禍対応で安倍政権の脆弱性が見えてしまったのは、官邸主導の弱体化というより、官邸が強すぎたがゆえにかえって少数意見、反対意見を吸収できなかったからだ、と思っています。今の岸田政権は聞く耳型、調整型のスタイルで、そのスタイルには安倍政治から転換をしようとする意識は感じますが、一方で安倍政権にあった政治主導の強さは感じられない。今は安倍政権時代の官邸主導をどうやってバージョンアップしていくかが問われている時期に入ったと思います。

一つエピソードをお話ししますと、今からちょうど10年前、2012年の11月14日、党首討論で当時の野田佳彦首相（民主党）が、野党の自民党総裁だった安倍氏に解散を約しました。私は自民党が野党時代の3年半弱の間、安倍、麻生両氏と定期的に会合を持っていました。その夜も会合を予定していたのですが、今から考えると、安倍氏もまさかその日に総理が解散を約するとは思っていなかったんだろうと思うんです。安倍氏が遅れて現れて三人で話をしましたが、私は当時、朝日新聞の政治部長でしたので、自民党が勝って安倍政権が返り咲いたら朝刊の一面で論文を書かなきゃいけない。そこで安倍氏に「課題の優先順位を教えてほしい」と聞きました。

安倍氏は言下に、「憲法改正は3番目である」と明言しました。彼が言うには、1回目の政権時は内閣支持率が高くて教育基本法改正その他の保守の諸改革を一斉に進めようとして世論の反発を招き、うまくいかなかった。今回は政権を強くした上で、最後に憲法改正を国民にお願いしたい、と言っていました。

「では、1番はデフレ脱却ですか？」と聞いたところ――すぐに財務相になる麻生氏の方をちらちら見ながらでしたが――それは2番目であって、1番は危機管理である、と言ったのです。1回目の安倍政権は「消えた年金」の問題で混乱した。民主党政権も東日本大震災の対応で混乱したばかりだ。そういう点では、危機管理対応を中心に官邸の強さを印象付けることが自分たちの一番の課題である、と。

アベノミクスで稼いだ政治的資産を憲法と安保で使うんだ、という安倍氏の言葉も後に聞いたことがあります。好調な経済や危機管理の強さなどが自分の目指す戦後政治の超克を進めていく上でのリソースになるという認識が、総理に復帰する前から安倍氏には明らかにありました。政治主導にはやはりトップリーダーの意思、あるいは戦略が非常に大きいものだと感じます。

総合調整機能を期待されるようになった内閣官房

佐々木　曽我さんのおっしゃった、平成の始まりが歴史の変わり目だったというのはそうだろうと思います。政治主導が求められるのは、やっぱり危機の時ですよね。その危機が顕在化してきた時代が平成である、ということでしょう。

私は民主党政権の時に内政担当の内閣官房副長官補になり、安倍政権の初期でもその職を継続して、最後に内閣でＴＰＰの国内調整の総括官をやりましたが、危機の時代にリーダーシップが重要になるというのは、そうした経験からも痛感しています。

高度成長期なら、誰かが全体を統率して引っ張っていかなくても、縦割りの各所がそれぞれにがんばれば、多少の軋轢は成長によって乗り越えられた。成長期とはそういうものです。予算の面で言えば、昭和のある時期までは大蔵省（現財務省）が仕切っていました。農林族だとか文教族だとかいった縦の流れで政治家の方々とも話をしながら全体をまとめていった。

成長がすべてを癒やしてくれる時代は平成になって変わりましたが、その伏線となったのが１９７０年代に起きた2度のオイルショックです。固定相場制から変動相場制になったニクソンショックもそうかも知れません。高度成長から安定成長、低成長に向かう段階的な変わり目があって、平成に入ってバブルが崩壊し、危機が顕在化してきた。

外交の面では湾岸戦争、北朝鮮のミサイル危機、２００１年の同時多発テロと続きましたが、もっとベーシックなところを言うと、日本の人口が２００８年に減少に転じています。中国のＧＤＰ（国内総生産）が日本のＧＤＰを追い越したのも平成の後半。橋本龍太郎政権時代の中央省庁の再編は、そういう流れにどう対応するかという面があったと思うんです。

省庁再編は橋本政権で検討が始まって法案は通りましたが、実施されたのは森喜朗《よしろう》政権の平成13年（2001年）1月、つまり21世紀の初めになりました。安全保障面で言うと、ミサイル防衛の導入が2003年12月。防衛庁が2007年に省に昇格し、2013年に内閣官房に国家安全保障会議（NSC）、2014年にその事務局である国家安全

佐々木豊成（ささき・とよなり）
1953年佐賀県生まれ。元財務官僚。76年に東京大学法学部を卒業後、大蔵省（現財務省）に入省。主計局主計官、金融庁銀行第一課長、大臣官房審議官、国税庁次長、理財局長などを歴任。2010年、財務総合政策研究所長から内閣官房副長官補（内政担当）に転じる。13年、内閣官房TPP政府対策本部国内調整総括官。16年に退官。

保障局（NSS）ができました。

内閣法を見ますと、内閣官房の機能というのが書いてあります。内閣官房は内閣の事務局として政策の企画立案、総合調整を担っています。総合調整という権限があるので、いろんなプロジェクトチームを作れる。最近の政策テーマは省庁横断で対応しなければならないものばかりなので、内閣官房にプロジェクトチームを作って、関係省庁から人を集めて、そこで全体が前へ進むような仕組みにする。そうした流れがずっと続いています。令和になってもコロナとかウクライナとか北朝鮮のミサイルなどいろんな危機が続いていますが、こうした危機の続く時代に内閣官房の総合調整機能をどう発揮していくのかは、ますます重要になっていくと思います。

兼原　危機管理の面では阪神・淡路大震災が大きかったと思うんです。それがきっかけになって、防災面を担う内閣官房の事態室（注：事態対処・危機管理室。制度上は内閣官房副長官補室の一部であるが、実体は独立しており、内閣危機管理監、内閣官房副長官補の下で危機管理に当たる部局。かつての内閣安全保障・危機管理室）がものすごく強くなった。実際に事態室にいらした髙見澤さんの方がお詳しいと思いますが。

総合調整という面から言うと、アメリカのホワイトハウスって、実はすごく小さいんです。彼らは実働部隊ではなく、各省庁間の調整しかやりません。大統領権限とは政府最高レベルでの国務の総合調整と、優先順位の設定のことなんです。大統領府や首相府の調整権限が強くなるということは世界的な流れだと思います。イギリスとか豪州もどんどん首相府の権限が強くなっていますよね。日本もそうなってきました。

髙見澤　おっしゃるとおりです。安全保障、危機管理について言えば、兼原さんもご指摘されたように阪神・淡路大震災、その2か月後に起きた地下鉄サリン事件、この二つが非常に大きかった。内閣には、戦後長らく国防会議事務局というものがありましたが、中曽根（康弘）行革によって安全保障会議ができて、安全保障室という形に変わりました。官僚組織のトップに立つ事務方の内閣官房副長官の役割が当時、非常に大きかったわけですが、その官僚体制の下で内閣の中での調整機能が少しずつ拡大していった。

その途上で阪神・淡路大震災があって、危機管理の体制強化の必要性が認識されるようになって、内閣法を改正して内閣危機管理監が置かれることになった。これによって警察、防衛、自治（現総務省）、海保、建設省（現国土交通省）などが一つの部屋に入って協力する体制ができました。そういう意味では、平成に入る前の中曽根行革の功績も大きかったのではないかと思います。

中曽根さんが防衛庁長官だった昭和45年頃にもいろんな動きがありましたが、中曽根内閣の防衛庁長官だった栗原祐幸《ゆうこう》さんもFSX（次期支援戦闘機）の日米共同開発に踏切りました。危機管理や防衛の面では、やはり政治家の役割は大きいです。橋本総理も、周辺事態における危機の発生を想定して4項目の検討（在外邦人保護、大量避難民対策、沿岸・重要施設警備、対米協力措置）をやって、それはガイドライン（日米防衛協力のための指針）の見直しにもつながりましたし、有事における国民保護の態勢の基礎勉強もやりました。それまで「研究」でしかなかったものをシナリオ対応にして、関係省庁を集めて検討を進めていく形が出来上がった。

「君の最大のミッションは法案を潰すことだ」

髙見澤　縦割り行政の弊害ということで私が思い出すのは、通商産業省（現経済産業省）に出向した時の事です。まだ若手の頃で、私は係長でしたが、ある日上司から「君の当面の最大のミッションは郵政省の法案を潰すことだ。それをやらなかったらすぐに帰ってもらう」と言われました。当時は、権限争いというより積極的な相手潰しが公言されていたような感じでした。そんな状態にあっても官邸主導がなかなか前面に出てこなかったのは、冷戦時代は危機が割と単純であったこともあるのではないか。ミグ25事件（1976年）や大韓航空機撃墜事件（83年）、JAL機墜落事故（85年）など危機はいろいろありましたけれども、構造自体はシンプルだった。今は危機の構造が非常に複雑化しています。

それに加えて、選挙制度の改正で族議員が力を持たなくなり、国会に出席する官僚の立場も、幅広く答弁も担っていた政府委員ではなく政府参考人になって、あんまり答えなくなった。国会で行われているのは議員同士の知識のひけらかし合戦とか、間違った答弁を引き出すための難癖とかで、具体的な議論があまりなくなってしまった。昔はテレビをつけて国会中継を見ていると、聞き惚れるような面白い議論が時々ありましたけれど、平成になってからは、そういう議論はほとんど消えてしまった感じがしています。そうしたことも、総理の存在感をもっと前面に出していかなければいけないという流れにつながっている。

総理就任前の安倍さんがプライオリティの第一に危機管理を挙げたという曽我さんの話がありましたが、第2次安倍政権の危機管理では発足直後のアルジェリア事件

（2013年1月発生。アルジェリア南東部イナメナスの天然ガス精製施設がイスラム武装勢力に襲われ、日本人10人を含む約40人の命が奪われた）が大きかった。あそこで官邸が非常にがんばったことが、安倍内閣が長く続く一つの原因になったのではないかという気がします。

天皇型総理と将軍型総理

高見澤將林（たかみざわ・のぶしげ）
1955年長野県生まれ。東京大学公共政策大学院客員教授、元防衛官僚。78年に東京大学法学部を卒業後、防衛庁（現防衛省）に入庁。防衛局運用課長、防衛局防衛政策課長、運用企画局長、防衛政策局長などを歴任。防衛研究所長の後、2013年に内閣官房副長官補（安全保障・危機管理担当）。14年から新設の国家安全保障局次長、15年から内閣サイバーセキュリティセンター長を兼務。16年に退官後、ジュネーブ軍縮会議日本政府代表部大使に就任（20年まで）。

兼原　ありがとうございます。私のいた外務省は、対外的な利害関係の調整が仕事ですから、佐々木さんがいた財務省などと違って、日本国統治の重責とはあんまり関係ない役所です（笑）。永田町と結びついた権力闘争も、巨額な予算の利益調整もやらないので、ちょっと岡目八目みたいなところがありますが、そういう観点から私の見た感じを申し上げたいと思います。

私は、日本国は慣習憲法の国だと思っています。文武天皇の時にできた大宝律令（701年）は、実は明治まで生きていた。天皇の中央集権制という仕組みは表向きずっと続いていたけれど、鎌倉時代の武将が勝手なことをやり始めてそこに権力が移行した。しかし天皇家は否定されず権威だけは維持した。相争う強力な武士集団の上に、形骸化した権威だけを許された力のない朝廷が載っている。これが日本の権力の真の姿として連綿と続いてきました。この日本組織の在り方は、官も民も同じでしょう。

内閣官房副長官補になってから、同じポストに就かれた髙見澤さんと一緒に歴代の官房副長官にご挨拶に行ったことがありますが、ある副長官に言われた言葉にびっくりしました。「外務省は総理と議論しすぎだ」と。

彼によると、総理とは「議論する相手」ではない。「これでよろしゅうございますか」とお伺いをたてて、御簾《みす》の向こうから「はい、結構です」と言ってもらう、そういう存在である、と言われたんです。

私にはすごく違和感がありました。「総理の役割は征夷大将軍であって天皇じゃないでしょ」と、反論したくなりました。言いませんでしたけど（笑）。安倍官邸に入って、自分が間違っていないと思いました。安倍さんは将軍型のリーダーでしたから。

でも実際に政治主導がうまくいってるかどうかはまた別の問題で、私はまだ道半ばだと思っています。総理も大臣も替わりすぎる。たかだか2年ぐらいでは、そもそも自分の持っている権力の大きさも分からないでしょう。日本政府丸という巨大な船の操船に習熟する時間がありません。総理にも大臣にも、やっぱり長くやっていただきたいです。

それと、総理や大臣をあんなに長時間、国会に出していていいのか、という問題があります。予算委員会に全閣僚が1月から3月まで3か月間張り付く国なんて他にありません。あれは官僚が全部大事な仕事をやっていた時代の名残で、政治家は本省にいても仕事がないから国会にでも出ていてくださいってことでそうなっていたに過ぎない。

私が若い頃、局長のかばん持ちで国会について行ったら、局長は眠たそうにしていて、突然、くるっと振り返って、「兼原、いいか。この人たちの議論は俺たちの政策と何の関係もないんだ」と言われたことがあります。官僚主導ってそういうことだったと思うんです。これが本当に民主主義国家だろうかと思いました。民選の総理が政府を駆動してこそ民主主義ですよね。総理や閣僚が政府をほったらかして国会に行きっぱなしでいいのか。会社でも、株主総会に行きっぱなしの経営陣なんていない。総理が国会に行く

兼原信克（かねはら・のぶかつ）
1959年山口県生まれ。同志社大学特別客員教授。東京大学法学部を卒業後、81年に外務省に入省。フランス国立行政学院（ENA）で研修の後、ブリュッセル、ニューヨーク、ワシントン、ソウルなどで在外勤務。2012年、外務省国際法局長から内閣官房副長官補（外政担当）に転じる。14年から新設の国家安全保障局次長も兼務。19年に退官。著書に『歴史の教訓――「失敗の本質」と国家戦略』などがある。

のは年10日くらいで充分ではないでしょうか。他の先進国はそんなものですよ。
総理大臣には国務に集中していただいて、自分のやりたいことについて国民に訴え、はっきりと方向性を示して決断し、日本政府のプライオリティをはっきりさせて貰う。それが最高指導者の仕事です。プライオリティの中でも、特に危機管理と有事対応は一丁目一番地です。

いま、中央官庁の若手官僚がすごい勢いで辞めてますよね。それも無理はなくて、彼らに言わせれば、バカバカしくて役所の古い慣行につき合っていられない。ひどい例を挙げると、夜中の11時に料亭から出てきたほろ酔い加減の政治家から質問が何十問も出てくる。質問時間は15分か30分しかないから、そんなに質問できるはずはないのは分かっているけれど、霞が関の関係官庁の課長補佐たちが協議しながら朝5時くらいまでかかって全部の答弁をまじめに書くわけです。揚げ足取りやクイズ番組のような質問も多い。だから統計も法律も徹底的に調べ上げる。安全保障に関してはカビの生えた古い議論を延々と繰り返している。国民の安全をどう守るかというハウ・トゥの議論がない。中身の薄い国会論戦を政治メディアが国家最高の政治論戦のような戯曲に仕立てていく。政界も政治メディアも狭い政治業界というコップの中にこもってしまっていて、国民の意識からずれてきている気がします。これでは役人のやる気がなくなるのも当然です。ブラック霞が関と人材流出の原因は、政治主導が中途半端だからだと思います。

ただし、若手政治家の教育プロセスは良くなっていると思います。これは平成の政治改革のおかげです。昔の政務次官なんて私たち役人は完全に無視していましたが、現在の大臣政務官や副大臣には、それなりの権限があります。今では、党で部会長をやって、政府で政務官や副大臣を経験して、国会の委員長をやって、といったように、立法府と党と行政府を回りながらポストを経験して勉強していく仕組みはできてきています。

でも、議院内閣制なので、国民が総理を選ぶわけではない。総理は国会議員の互選で決まる。つまり、国会議員約700名の間からしか総理を選べない、という限界はあります。自公の与党議員で四百数十名。その中から2年おきに総理を選び、ほぼ毎年組閣して二十数名の閣僚を入れ替える。与党議員なら、何回か当選していればかなりの確率で閣僚になるわけですから、国会議員には選良としての自覚をもって研鑽を積んでいただきたい。もちろん「3億人から選んでもトランプ」という実例があるので大統領制だったらうまくいくとは言えませんが（笑）。議院内閣制である以上、本当に国家運営をできる人たちを国会の中で育てていかなければなりません。立法府の中だけで不毛な権力闘争をやっていればいいんだ、ということじゃもうないんだと思うんです。

危機の様態の変化が政治主導を求めた

曽我　政権内部を経験された方のお話は大変に貴重です。お三方のお話を伺っていて思った点が二つあります。

一つは、危機の様態が変わってきた時にこそ政治主導が問われるようになる、という点です。過去に経験してきた形の危機ならば、古いシステムで何とか対応しようとするわけですが、それでは対応しきれなくなった先に政治主導が本当に必要となる局面に入る。

私の経験をひとつ申し上げると、かつて国土庁（現国土交通省）という役所を担当していた時に、雲仙普賢岳の噴火による火砕流災害がありました。東日本大震災10年の際に、日本災害復興学会の会長を経験した学者にインタビューして、その時にも話が出たんですが、現物給付や復興基金を最初に導入したのは雲仙普賢岳の時なんです。あの時は地元の自民党の久間章生《きゅうまふみお》衆院議員らが駆けずり回っていたのを取材しましたが、佐々木さんがおっしゃったように、族議員や地元選出国会議員の知恵と調整により新基軸の対応が模索されていた、という図式でした。

その4年後の阪神・淡路大震災は、私も官邸で取材しました。濃厚に覚えているのは、当時の石原信雄官房副長官がよく漏らしていた「情報自体が取れない」ショックと、自衛隊を直接派遣できなかった後悔です。石原さんは、会うと今でも必ずそのことを言います。電話の受話器が外れていて連絡が届かなかったこととか、兵庫県知事が渋滞に巻き込まれて印鑑を押せないから自衛隊の派遣要請がすぐに出せなかったこととか。

雲仙普賢岳と阪神・淡路大震災では、規模だけじゃなくて危機の様態も変わっています。阪神・淡路の時には官邸に、自分たちが直接関わったけれどうまくいかなかったという意識があって、あの時は1年以内に自衛隊法改正をはじめ20本以上の関連法案を国会で通しました。その法案を通したのは、自社さ連立という「野合」といわれた政権ですが、昭和期を通じて不倶戴天の敵同士だった自民、社会両党がその立場や意見の違いを乗り越えてでも何とかしなければと思えるくらい危機感があった、ということでしょう。

もう一つ、アルジェリアに関しては高見澤さんのご指摘の通りです。あの時、事件発生直後に安倍首相と菅《すが》（義偉《よしひで》）官房長官にその発言の「発案者」を確認しようとしてできなかったのですが、外遊から戻ってきた安倍氏が「厳しい情報に接した」と発言しましたよね。これは私たち記者からするとすごい言葉で、むろん死人が出るとは言っていないけれど、間違いなく死人が出る可能性を示す、あるいは国民に覚悟を迫る言葉ですね。

当時、よくアルジェリア事件と比較されたのが、橋本龍太郎政権の時に起きたペルー大使公邸人質事件です。あの時、梶山静六官房長官は「私は毎日祈るような気持ちでいる。一人でも死んだら自分は辞める。総理を辞めさせるわけにはいかない」と言っていました。それがアルジェリアでは、「厳しい情報に接した」と言って、最悪の事態に身構えるよう求めているのです。明らかに危機の深刻さも官邸の心構えも変わってきているわけです。

私はあの言葉に驚いたので、「あれは誰が発案したんですか？　スタッフから上がってきた言葉ですか？」と菅さんに聞いたら、「それはちょっとなしにしましょう」とはぐらかされましたが、政府首脳が発する言葉が明らかに変わってきたことを実感しました。

先ほど兼原さんが言われたように、官邸が情報をダイレクトに取り、自ら発信していかなければならない時代になりましたから、内閣官房の総合調整の力が非常に重要さを増しているということは実感します。

「強すぎる官邸」を官僚は嫌がるのか

曽我　ところで、官僚というのは官邸主導を強める総理の下で働きたいと思うものなんですか？　我々マスコミでは、官邸主導でやると官邸官僚は喜ぶが省庁は基本的に嫌がる、といった構図で記事を書くことがしばしばありますが。

佐々木　それはやり方次第ですね。

兼原　省庁は江戸時代の藩みたいなものです。徳川吉宗のようなリーダーが出てきたら、みんな一生懸命幕府を支えようと思うけれど、家斉とか家定が出てきたら勝手なことをやりはじめる、ということです。官僚はみんな、国家を動かすような大きな仕事をしたいと思っています。鎌倉時代、室町時代の武士と同じで、天下が取れそうな強いリーダーなら付いていきます。

高見澤　そうですね。

曽我　そこは、すごくあると思うんですよね。

以前、兼原さんにもゲストとして来ていただきましたが、私は客員教授として東大でゼミをやっていました。学生の多くが官僚になるというゼミなんですが、例えば兼原さんのように実際に強い官邸の中で仕事をした方の話を聞くと、学生たちの意識が変わっちゃうんですね。強い官邸のほうを向いて仕事をしたい、と。これは東大のゼミに限りません。どこかの省庁に入ろうと漠然と思っていた頃は、省庁のこれこれこういう仕事をしたいと考えているわけですが、強い官邸の実情を知ると、大局観のある大きい仕事をしてみたい、と意識が変わってくる。

いま、官僚志望者が減っているとよく言われます。労働環境の面もありますが、官邸が強くなって各省庁が相対的に弱くなっているからそれを官僚志望者が嫌っている、なんて言われたりするのですが、私は「それは本当だろうか？」とかねてから疑問でした。実際に取材していても、強い官邸に行きたがっている官僚が少なからずいるという印象があるので、皆さんの感覚をお伺いしたかったんです。

佐々木　先ほども申し上げたように、私が副長官補になったのは民主党の鳩山政権の時でした。当時の民主党は「反自民」という政治的立場で結合していた面の強い政党でしたから、政策の幅は広くてなかなか物事が決まらない。自民党も内部ではかなりの政策的な幅がありますが、自民党には最後には政策を決定できる「アート」があった。民主党は政権を担当した経験がなかったこともあって、この政治的なアートを持っていなかったですよね。

曽我　一種の政治的な技術ですね。

佐々木　こうしたアートは歴史によって育まれるわけです。自民党の場合、自分が反対の時には黙ってトイレに行くとか、暗黙の了解があって物事を決められる。このアートによって、「あの時、俺はいなかったんだ」といった言い訳が立つ。民主党政権にはそうした暗黙の取り決めみたいなものがありませんでしたから、党で議論を始めると言葉の応酬になってしまい、全然決まらない。そういう違いは大きかったと思います。

役人を排除した民主党政権

佐々木　もう一つ大きかったのは、民主党政権初期の頃には、政策決定から役人を排除していたことです。政務三役と言われる大臣、副大臣、政務官だけで決めていた。これが一番激しかったある省庁では、役人は日曜出勤させられるものの、話し合いをしている部屋の中には入れてもらえず、ずっと待機させられたりしていました。他の省にも、程度の差はあれそんな話がありました。

省庁をまたぐようなテーマの政策でも、政治家が決めてくる。その弊害は、政策の事務的な詰めがまったくなされていない、という形で現れていました。政治家同士が話をし、省庁に戻ってきたら「決めてきた」と役人に告げる。しかし、相手省庁に確認してみると、全然違った話だったりする。率直に言って、役人としてこれはやりにくかった。

また、環境関係のある法律を作る段階で、経産省と環境省は猛烈に対立していましたが、政務三役が集まって話をしても建前しか言わないわけです。そうなった時には、官邸の総合調整機能の出番のはずなのですが、当初は双方の意見を聞いてそれに立脚したアイデアを出せるような仕組みになっていなかった。そこは当時官邸にいた松井孝治官房副長官の様々な努力で、内閣官房については少なくとも機能するようになった。

第2次安倍政権は、こうした民主党政権の経験を反面教師とした上で物事を進めていたと思います。政権が変わった時、私は菅義偉官房長官に「決めて下さい」とだけお願いしました。その後、菅さんは「決めすぎだ」と言われたりするようにもなりましたが

（笑）。

曽我　役人としての心の叫びみたいな感じがしますね。

佐々木　政治家に方向を決めてもらった上で、役所全体が同じ方向に向かうというのは、役人にとってはすごく快感だと思います。

経済再生担当大臣だった甘利明さんは、内閣官房の幹部が何人かで出向いた時に、「俺は役人を使いまくる」と言いました。「おまえらを徹底的に使うぞ」と言われて、役人はその言葉に奮い立ったんです。ＴＰＰ本部が立ち上げの時からみんなやる気になっていたのはそれが大きかった。政治家と役人は役割が違っていて、政治家が役人をうまく使い、役人が政治家にうまく使われると、チームとしての能力が発揮されます。

最近の若い政治家は、これを分かっていない人が目立ちます。中には立派な人もいますけど、大体が役人的な政治家で……。

曽我　政治主導が進むと逆に役人的な政治家が増えてしまうという面はあります。一種のパラドックスですね。

北澤防衛大臣の功績

高見澤　私は個人的に、佐々木さんとは少し逆の経験をしています。２０１１年の東日本大震災の時は民主党政権でしたが、防衛省は非常に重要な役割を担うことができました。それは当時の北澤俊美防衛大臣が、官邸に対して力があったからです。つまり鳩山由紀夫さん、菅《かん》直人さん、野田佳彦さんと歴代の民主党政権の総理に直接物申せる関係にあった。しかも北澤さんは決めてくれる人でした。

例えば、尖閣の関係で言うと、当時、防空識別圏が与那国島を二分するような形になっていて、その話を私たちが説明して「これは何とかしないと」と言うと、「どうしてできてないの」と聞くわけです。「自民党の国防部会が官邸に弱いからです」と説明すると、「じゃあ、俺がやってやろうじゃないか」となって実際に変わりました。

防衛省から総理秘書官が出るようになったのもそうですし、北澤防衛大臣の時に新たに取られた施策というのが結構あるんです。防衛省の場合は、民主党に政権が替わったことで大臣の政治力が適切に発揮されて、今まで実現しなかった施策がぐっと前に進んだという側面があります。

もっとも防衛省は例外的だったかも知れません。国交省なんかは緑一色《リュウイーソー》といわれていて、局長は全員いつも「在室」を示す青いランプがついていた。国会にも行っていなければ大臣室にも呼ばれていない。その緑一色状態の国交省に対し、防衛省の場合は大臣の北澤さんのところでみんな団結するみたいなところがありました。彼の良かったところは、大勢の会議を長くやらないことです。ある程度、頃合いを見計らって、「これはまたにしよう」と話を切る。国会答弁でも自分で答えるところは、「これはいいよ」と言って引き取って、政治家としての言葉で答える。沖縄の基地問題なんかは北澤大臣が自身の言葉で語られていました。短歌や俳句にも造詣が深く、ベースの教養がありましたから、そういう応用が利いたのかも知れません。恐らく防衛省の当時の幹部の間では、制服も含めて、北澤大臣への支持率は高いんじゃないかと思います。

民主党が役人を排除したというのはそのとおりです。例えば事務次官等会議の廃止です。私は個人的に、東日本大震災の初動で問題が生じた要因は事務次官等会議がなくなっていたことが大きかったと思っています。そういう環境での総理官邸の役割は、やはり決めることです。

佐々木　人の資質は大きいですよね。組織が同じでも、動かす人が違うとまったく違う働きになる。

高見澤　人間力というか、政権の体質だけではない部分もあります。ただ、民主党政権が一斉に役人排除をやり、役人を排除したままで決定してしまうので、決定した内容が役人には分からないということは非常にあったと思います。その状態で地震が起きて、これじゃダメだということで、防衛省では一挙に業務処理のやり方が変わり、以降はそれがカルチャーになって、制服や役人が排除されるということはあり得なくなりました。

大臣が頻繁に替わるということについて言うと、防衛省の場合は非常に激しくて、2年もやってると在任期間のトップ5に入るぐらいの感じです。平均すると1年以下。最近はちょっと長くなりましたけれども、省になる前の防衛庁長官時代というのは多分8か月とか9か月ぐらいじゃないですか。政治を進めるために辞任するというようなことが、防衛庁長官時代には非常に多かったと思います。平成になってからは、久間さんや石破《いしば》（茂）さんのような経験者を2回目に持ってくるということはありましたが、それでも短い。

組織と人の相互作用

佐々木　組織と人は相互作用の関係にあって、組織だけを整えてもうまくいかない。内閣官房を強化しても、それをちゃんと活用できる人がいないとうまくいきません。民主党政権でも、野田さんは組織を動かすのがうまかったです。

髙見澤　確かに。

佐々木　役人をちゃんと使っていました。使った上で、決めるところは自分で決めて。政治家の役割ってあるわけですよね。役人の役割もあるので、うまく使ってやってくれる政治家が一番組織を機能させるんだなというのを、さっきの北澤さんの話を聞きながら思いました。

髙見澤　国会答弁なんかも、総理大臣が誰か、閣僚が誰かによって、作成要領や負担が随分違うと思います。

　私は国会関係の答弁資料作成を総括する立場にあった時、昭和の終わりから平成にかけての頃ですが、担当者が国会答弁作成システムみたいなものをパソコン上に作ってくれた。当時はパソコンが出始めて少し経った頃ですが、私の部署では計画作業をやるというので、割と性能の良いパソコンがほかの役所に先駆けて入れられていました。

国会の先生方から質問が来ると、データベースにキーワードを入れて検索する。すると、過去の答弁資料リストがダーッと出てくる。当時はパソコンから出力した文字は小さく、答弁書は大きい文字で印刷しなければなりませんでしたが、拡大コピーすると自動的にきれいな答弁書ができる仕組みも誰かが考えだした。そういう形でやっていたので、私自身は予算委員会でたくさん質問が入ってもあまり苦労しませんでした。

今はＡＩの時代ですから、株主総会なんかでも株主からの質問のキーワードを聞いた瞬間に答弁が瞬時に表示されるようになってきています。過去にあった答弁を繰り返すだけならデータベースでできる。だから、国会にもそういうデータベースを入れて、過去と全く同じ質問が出たらすぐデータベース上に答弁が表示されるようにすればいい。

私が通産省に出向していた時の上司であった豊島格《とよしまとおる》機械情報産業局長の発言をよく覚えています。彼はある時、こんなことを言いました。

「総括係長の○○はすごく良い。自分は彼に質問すると、知らない時は『知りません。調べます』とすぐに言う。だけど、ちゃんと勉強しているあいつが知らないということは、自分の方が変な質問をしているのかもしれないと、反省させられる。だから、君らもちゃんとした役人になるんだったら、『知らない』って言えるぐらい勉強しろよ」

私自身がこのようにできたか、また部下に対してこのように接することができたか自信はありません。しかし、最近の国会においては、本当にクイズみたいな、重箱の隅をつつくような質問をするケースが増えているので、議員の先生方にもよく考えていただきたいと思います。

権力の本質

兼原　だいぶ熱が入ってきてますが、次に総理官邸の運営の問題にテーマを移したいと思います。

官邸の中の運営は、総理室と官房長官室という政治サイド、それから事務方の官房副長官以下の官僚サイドの仕組みによって動いています。先ほどの曽我さんのご質問にあったように、官は政治の介入を嫌うだろうと見られがちですが、それは官僚主導の時代の話。今では政治主導に変わってきているので、官僚も「最後に決めるのは政治家である」と考えている。

さきほども申し上げたように、外務省は日本国の統治機能からちょっと離れたところにいるので、「国際社会の水先案内人」みたいな感じなんです。結構優秀で、国際政治の風とか潮をちゃんと読むので、日本政府丸という船も付いてきてくれる。ただ、官邸に呼ばれて中に入ってみて分かったのは、「権力」なるものの圧倒的なリアリティです。水先案内人が巨大客船の船長室に入っちゃったような感じがしました。そもそもお客さんが1億2000万人いて、それぞれが勝手なことを言っている。今まで気にしてなかったボイラー室とか厨房にも気を配らなければならない。「国家の統治とは、こんな大変なことをやっているのか」という実感がありました。

官邸にはものすごい権力があります。総理の大権と呼ぶにふさわしい。権力の本質は、ボーナスを上げるとか、気に入らない奴を飛ばすとか、そんなことじゃない。リーダーにみんなが付いていく、ということなんです。優れたリーダーがちゃんとしたことを決めてくれれば、さっき佐々木さんがおっしゃったように、内閣官房のスタッフは奮い立ってちゃんと仕事をします。

権力とは意志なんです。私たち官邸のスタッフが霞が関の他省庁の役人と話をすると、「本当に総理が言ったんですか?」「兼原さんが（総理を騙って）言ってるんじゃないでしょうね?」といった腹の探り合いから始まります。こちらが「本当に総理がそう言っています」と言うと、「どのくらい強く言ってました?」と返される。ここが勝負所なので、「総理は本気だから、やらないと痛い目にあいますよ」と言うと、鈍重な官僚機構がようやく動き始める。

その時に大きな仕事を各省庁の所掌事務ごとに切り分けて下ろすのが内閣官房の総合調整なんです。これができないと政府の仕事が前に進まない。その調整をできるようにするには、良いチームをちゃんと官邸に置いておかないといけない。内閣官房が仕事を切り分けて、官房長官が官邸としての指示を下す。菅官房長官は官僚にとって怖い存在でしたから、例えば「2週間後」と決められたら、みんな一斉に仕事にかかって期限までに成果を持ってくるわけです。そういう政府統括の仕組みが機能すれば、日頃できない仕事の5倍や10倍の仕事ができるようになります。

予算だって、各省が持っているのを寄せ集めれば何百億、何千億になって、内閣が実現したい政策の原資が確保できるようになる。これが官邸の力だと思いました。役人はみんな、その大きな決定を待っているんです。

官僚になる人は、国を動かすようなやりがいがある仕事をしたくて役所に来ているのです。金儲けをしたかったら外資に行ってますよ。安い給料で遅くまで働いているのは、民間ではとてもできないような大きい仕事ができるからです。それをやってくれるリーダーが来たら、よろこんで付いていきますよね。髙見澤さんがお話しになった北澤防衛大臣もそうだったと思いますし、官邸の安倍さん、麻生さん、菅さん、党サイドの高村《こうむら》（正彦）さんもそうでした。

髙見澤　第2次安倍政権にはまさにそういう方々がいらっしゃいました。

兼原　私は強い官邸で働けて幸せでしたが、逆に霞が関（官界）と永田町（政界）の自然調和の上に載るだけの天皇型総理だったら、みんな早く官邸を出て本省に帰って自分の仕事をしたいと思うはずです。

内閣人事局によって、官邸の人事権は強くなったのか

兼原　第一章の最後に、佐々木さんのほうから、官邸の中の力関係とか、総理室、官房長官室、私たちの副長官補室の関係のあるべき姿、内閣人事局の評価などをうかがいたいと思います。

佐々木　政治家と役人にはそれぞれのやるべき仕事があるので、ちゃんと役割分担をする。政治家はいろんな話を聞いた上で決断する、ということでしょう。

役割分担という意味では、政治家の間ではありますが、総理官邸には総理と官房長官がいます。安倍総理と菅官房長官はうまく役割分担をされていたと思います。官房長官は役所との関係を仕切っておられた。いろんな話、いろんな情報が入るようになっていて、それを踏まえて決めておられました。総理自らがいろんな利害対立を勘案していちいち決めていたら、体がいくつあっても足りません。総理の役割は、むしろ対外的なものですよね。

曽我　そこは、政治主導の使いどころを考える上でとても大切なポイントですね。

佐々木　総理は外交や防衛など、外の国との関係における顔役なので、そちらのほうに集中して頂く。内政的な部分は官房長官が仕切る。総理と官房長官が違うタイプだったから良かったんだと思います。

内閣人事局の評価は正直、私にはよく分からない。内閣人事局があるから官邸の人事の力が強くなったって言われますけど、官邸では前から人事検討会議をやってましたよね。

髙見澤　この点は私も佐々木さんと同じで、官邸の人事の力が強くなったという実感はあんまりないんです。ただ、人事の判断に際して複数の選択肢を意識するようになったこととか、入省年次で管理するわけじゃないとしたこととか、ある種、伝統的な人事管理の体系を変えた部分があったのは確かです。官邸が判断して、適材適所を徹底するというのは一つの合理的な形なんじゃないかなという気はするんです。

ただ、私が一番問題だと思うのは、内閣人事局で登録しているプールの中に本当に適材がいるのか、という点です。それぐらい行政の汲み取るべきニーズが変わってしまった。アメリカのように大量の政治任用があれば別ですけれども、基本的には霞が関という特定のソースの中にいる人材からしか選べないという部分は変わらない。これはむしろ、これから問題になってくるのではないかと思います。

デジタル庁が立ち上がる時、初代デジタル監を誰にするかという議論の中で、起業家でネットの論客としても著名な伊藤穰一さんの名前が挙がっていましたが、あれが典型的な例です。本当の適材が官にいなかったからそういう議論があったわけで。そこの部分こそがこれから問われるべきであって、内閣人事局があったからどうしたこうしたという議論より、その先を考えるべきかと思います。

将軍室と幕閣

兼原　総理室や官房長官室と私たちの副長官補室の関係は、内閣に入ってからいろいろと佐々木さんに教えてもらいました。やってみて私が思ったのは、総理官邸の中は時代劇にイメージが近いな、ということです。将軍室と幕閣の関係です。

初めて官邸に入った時、いろんなところにご挨拶に行ったら、ある元副長官から「官邸が潰れる兆候を教えておいてやるからよく見ておけ」と言われたんです。

その元副長官によると、まず総理と長官がぶつかり始める。次に秘書官同士がけんかを始める。このあたりで政権の危険信号が点滅し始めている。しばらくすると、官房長官が「疲れたな」ってポロッと言って、次の組閣で交代する。そうなるとその政権はつるべ落としだ、って言うんです。橋本総理と梶山官房長官の関係がそうだったし、小渕恵三総理と野中広務官房長官の関係もそうだった、と。強い政治家が二人並ぶとそうなっちゃうんだと言うんです。菅さんと安倍さんにははっきり役割分担があって、菅さんは完全に支えに回っていたので、そうはならなかったわけですが。

あと一つ、これは杉田さん（和博・元官房副長官）から言われたんですが、「権力とは距離だ。ポストじゃないんだ」。お前たちは職階上高いところにいるけれども、それはそこに権力があるということではない。権力の淵源は総理大臣にしかない。権力とは最高指導者の意思のことだ。だから最高指導者との距離こそが官邸内の序列を測るバロメーターだ、ということでした。また、他の先輩からは「政治家は職階やポストで官僚を信用するわけではない。政治家は固有名詞でのみ人を信用する」と言われました。職階とは別に、総理との距離で官邸内に小規模な権力集団ができる。

だから秘書官同士がぶつかるというのはそのとおりで、総理に直結している総理秘書官はジュニアな官僚なんですが、徐々にすごく強くなっていくんです。総理秘書官は総理の側近になっちゃう。安倍さんの政務秘書官だった今井（尚哉《たかや》）さんはすごく強かったですけども、初めはそこまで強くはなかった。総理のそばにいるうちに権力がどんどん肥大化し、柳沢吉保とか石田三成のようになっちゃうんです。これは権力の運動法則みたいなものです。官房長官秘書官も若干そうなります。だからぶつかるんです。

私たち官房副長官補は副長官の部屋にいましたが、私たちはいわば幕閣なので、将軍室の内輪の権力闘争には入らない。直接お仕えした杉田官房副長官が立派だと思ったのは、総理と官房長官の双方から絶大な信頼を得ていたのに、自分は官の代表だという意識が強くあって、総理や官房長官と意図的に距離を置いて政治に巻き込まれないようにしていたことです。そこは見習わなくちゃいけないな、と思っていました。

私たち官僚は、官としての職責を全うするというのが先にあって、そのために政治家との信頼関係を勝ち得なければならない。総理室と長官室の周りの人たちは側近になりきって、完全に権力と一体化します。アバターになっちゃうんです。官邸の外の他省庁の官僚、例えば外務官僚は、国家を支えるという意識は強烈ですが、政権を維持することが自分の仕事だとは思わない。かつての官僚主導時代には、財務省が消費税のためなら「内閣の一つや二つ（潰れてもいい）」と言ったとか、竹下登総理が「総理大臣は使い捨てだな」と吐き捨てたという、今では信じられないような話もありました。

政治主導に移った今、私たちのような内閣官房のスタッフは、政権に直接仕えているので、「政権を潰しちゃいけない」と考えます。そこのところは、総理秘書官団、官房長官秘書官団と同じで、そういう意味では総理、官房長官に忠誠心が向いた官邸仲間なんだけれども、副長官以下は政権と同時に国を支えている。だから官の立場は捨てられない。この関係ってなかなか難しいですよね。

佐々木　確かに難しいです。これ、言い方が難しいんですけど、官邸に仕えていたある時期、「政権を支えなければいけない」という意識と同時に、「日本が潰れないようにしなければいけない」という意識を持っていたこともあります。

髙見澤　すごく分かります、そこは。私の場合は、官邸に行ったのは第2次安倍政権が発足してから半年ぐらい経ったところだったんです。官邸からいなくなったのは当初の3年間が過ぎた頃。第1次安倍政権で安倍総理が突然辞任された時、私は防衛省運用企画局長として現場にいたわけです。2007年9月12日に辞任される直前の与党の会合に事務方の一人として呼ばれました。当時懸案となっていたテロ特措法に基づく補給支援継続のため、とにかく安倍総理に明日からがんばってもらうという会議でした。それが一変した。懸案を投げ出してしまったと言われても仕方のないところを見ています。また、安倍さんが官房副長官や官房長官の時の仕事のやり方も見ている。つまり私ぐらいの世代の人間にとっては、当時の安倍総理とはそういう辛い経験を積んで苦労されていることを自分たちも知っているという関係でお仕えをした。しかも、第2次安倍政権の当初からほぼ一緒にいた。そうすると、我々もかなり支える意識が強いですし、率直に意見具申できるという関係にあったと思うんです。

ところが、政権が長く続くと、途中から来た局長さんたちは、安倍政権がトップギアで仕事をしている姿しか知らない。総理、副総理、官房長官は代わらず、外務大臣も岸田さんがずっと長かった。途中から来た局長さんと政権とでは、圧倒的な力の差が生まれてしまった。私は当初の3年間しかいなかったので、あんまり忖度の必要もなかった。秘書官グループについても、秘書官の誰が何を言っているかをいつも確認して、らちが明かない時は秘書官全部に集まってもらっていました。政務、外務、防衛、警察の4人の秘書官に一緒に集まってもらってご説明に行くということをやってましたので、対立があるんだとしたらその話をその場で聞けるようにしていた。でも、かなり後からきたとすれば、秘書官の年次も高くなっているわけですから、それは難しかったかも知れません。

兼原　高見澤さんは安倍政権の一番いい時期に官邸におられたんですよ。

トップダウンとボトムアップ

曽我　政治主導と官僚組織が蓄積してきたアートは本来矛盾するはずがないので、その使い方だというご指摘はそうだと思います。こうやって議論していると、安倍政権の歴史的評価や、民主党政権の良いところも含めて冷静な歴史的評価もしなくてはいけない時代に入ってきたんだと痛感します。

取材実感で言うと、官邸の中の力関係というのは制度で決まるんじゃなくて、どう総理と政治をやるかだと思うんです。短期で終わってしまった1回目の安倍政権の時も私は取材していましたけれど、あの時は「お友達内閣」という紋切り型の批判によっていろんな問題点が見えなくなった。本来は、どういうチーム作りが政治主導に資するか、そういう観点で政権を評価すべきでした。第1次政権で政治家補佐官を多用していたのは安倍氏の一種の焦りだったように思えます。彼は明らかにそれを反省して、返り咲いた後は官房長官との関係を基軸に置いていると言われていましたが、私は少し違う印象がある。

安倍氏は考え方がスクエアというか、あんまり奇手は使いません。石破茂氏を破って返り咲いた自民党の総裁選でも、とりわけ麻生太郎氏と高村正彦氏の支持が大きかった。私は当初、政権の形は安倍首相を頂点にして官房長官と副総理が支える二等辺三角形だと捉えていたんですが、安倍氏に言わせれば「それは違う。高村さんを忘れないでくれ」ということでした。

おそらく権力の三角錐みたいなものが安倍官邸と政府与党にまたがってあって、内閣の危機管理は副総理の麻生氏に、党の方の危機管理は副総裁の高村氏にやってもらう、という形にした。

兼原　政治的な危機管理って意味ですね。

曽我　そうです。政局的に政権が危機を迎えた場合の内閣と自民党のキーパーソンです。具体的に言うと、例えば政権発足直後の日銀総裁をどうするかという問題。この時は、財務省出身者にするか否かで副総理兼財務大臣の麻生氏と官房長官の菅氏の意見が対立していた。民主党政権だと恐らく閣内不一致と批判されるところですが、これが安倍氏の流儀だと思ったのは、意見を言わせるだけ言わせて最後は最終判定者として決断を下す、というパターンを貫いたことです。

高村氏も、集団的自衛権の行使容認と安保法制の際には、最も細心の運びが必要となる公明党との政党間協議を担い、軟着陸させました。安倍首相は最初から方向性を示す時もあれば、争点化した上で最後に自分が決めるという手法を取ることもある。それでも麻生副総理は、どれだけ意見が対立しても辞めない。２０１６年の参院選の際に、衆参同日選と消費増税断行の両方が見送られた時が一番、安倍・麻生関係が緊迫化した瞬間だと思いますが、麻生氏は辞めなかった。やはり本人に「危機管理を頼まれているからだ」という認識があったからだと思います。

兼原　私は官邸に来た初日に佐々木さんに飲みに連れていってもらいましたが、そこで言われたことを今でもよく覚えています。「内閣官房の仕事は二つしかない」と。一つは、上からバーンと指示が来たら四の五の言わずにやる。やらせる。君命だから。もう一つは、下がぐちゃぐちゃにけんかして裁定を求めて上がってくる場合があるが、そこでは絶対中立に対応しろ、と。ちょっとでも（外務省の）お里が出たらだれからも信用されなくなる、と言われたんです。よく覚えてるんです。

佐々木　そんなこと言いましたっけね。

兼原　でも結局、トップってそういうことですよね。総理の仕事は、政府全体の方向性を出すことと、やれと言って君命を下ろすこと。逆に、各省庁がぐちゃぐちゃにけんかして上がってきた案件については、総理は最高位から政府を俯瞰して見られるので、自分の判断で客観的に決めればよい。それは当たり前だと思います。

ちょっと話が戻っちゃいますが、総理と官房長官の仕事の違いはくっきりとあります。

総理大臣は国民とのコミュニケーションが仕事の8割です。言葉で国民に訴えて国民から風をもらう。政治的エネルギーを吸い上げる。安倍さんは「抵抗勢力」との戦いを演出した小泉（純一郎）さんの劇場型政治スタイルを見ているので、正面から政敵に戦いを挑んで世論形成を盛り上げる。政治は戦いと妥協の連続です。政治家が戦うから論点が明確になる。政治家が表舞台で戦うから、国民が政治に興味をもって見るわけです。その代わり、戦う政治家は批判と中傷の滝壺に身を置くことになります。毀誉褒貶が付きまとう。それで心が折れる人は、そもそも総理はもちろん政治家も務まらないでしょう。

総理はスポーツカーのルーフから上半身が出ている感じがあって、常にものすごい逆風を受けている。加えて自然災害とかスキャンダルとかいろんなものが突然飛んでくる。避けきれなかったら即死です。官房長官は車の中の運転席にいるので、風は当たらない。結構楽ですが、その代わりエンジンの具合とかガス欠とかヘッドライトなど、中のことを全部やらなくちゃいけない。総理と官房長官というのはそういう仕事の住み分けで、トップシンガーと番組ディレクターのような関係なんです。

どっちが大変かというと、圧倒的に総理のほうが大変だと思います。官房長官は、部下の官僚に出した指示がうまくいかなければ変えることができる。総理は国民に約束したことはそう易々とは変えられない。やはり政府の最後の砦は総理なんです。

菅さんが総理になられてから、「総理の仕事は大変だ」とおっしゃったと報じられましたけど、舞台裏とステージでは、同じ政治家でも全然違う仕事なんです。総理の評価なんて、みんなが忘れて50年後に学者が本を書き始めた頃に初めて決まります。蓋棺《がいかん》事定です。やってる間はボロカスに言われるだけで、吉田茂も、岸信介も、佐藤栄作でさえそうでした。批判を受けて立ち、信じるところを貫くのが総理大臣なので、やっぱり器ってあると思います。政治指導者は、国民の声なき声を聴いて、なんとかそのエネルギーを言葉に変えて波動砲にするのが仕事ですよね。総理の仕事の本質は、国民とのコミュニケーションだと思います。

曽我　いまおっしゃったようなお話は、すぐ横で安倍首相をずっと見ていて経験しないと分からないんでしょうね。麻生氏はよく「どす黒い孤独と闘うんだ」と安倍氏に言っていました。それは祖父の吉田茂から聞いた話かもしれないけど、耳学問で聞いていても本当のところは分からないものなんでしょう。私は、安倍、麻生の盟友関係というのは、根底に首相経験者同士が持つ共有の体験と感覚があったと思います。

高見澤　今の兼原さんの比喩というのはすごく分かる感じがします。総理というポジションに座った途端に、過去のあらゆることがさらされる。しかも一つひとつの意思決定が最終的な判断となって、リスクを伴う。中曽根総理は「祈るしかない」とよくおっしゃっていたと聞いていますが、そういう感覚はやってみないと分からないんじゃないかな。

安倍さんの強みは、それを1期目で分かった上で2期目に来たところです。だから、妥協する力がかなりあったように、私には見えます。明確な目標を立てるんですけど、その目標に完全に届かなくてもいいよ、ともかくやろうじゃないか、という感じですね。平和安全法制なんか、そういう感じがしました。すごいプラグマティズムです。そういうやり方だと、目標を高く掲げているので、途中で妥協しても目標は残っている。そうすると、また次の政権なりプロセスなりの中でその目標に向かっていくことが可能ですから。

第二章　危機管理への対処

兼原　では、次に危機管理の司令塔としての官邸の役割について話しましょう。曽我さんから、安倍政権のトッププライオリティが危機管理だった、という話がありましたが、実際にはどうだったのか。これは、官邸の事態室で実際に危機管理を担当された高見澤さんからお願いします。

危機管理監、対策室設置の効果

高見澤　先ほど、冷戦時代の危機は比較的単純な構造だったという話をしました。冷戦崩壊後、危機管理への意識が高まり、1998年に内閣危機管理監が置かれ、官邸対策室による対応という枠組みができた。どういう事案によって官邸対策室が設置されたのかを見れば、日本の危機管理の焦点が分かると思いますが、最初にやったのはインドネシアの邦人救出です（1998年）。インドネシアで政情が不安になり、現地で略奪行為などが起きていた。日本は輸送機を出し、シンガポールで待機しましたが、実際には運びませんでした。その後これまでの例を見ると、ほとんどが地震、水害、噴火への対応です。過去四半世紀をふり返っても、危機管理の点では国内の災害への対処が柱となっており、気候変動の影響もあって最近でもさらに増えているという状況があります。

次に、意外と多いのが邦人の人質事件です。先ほど触れたアルジェリア事件がありましたが、イラクやシリアでもありました。バングラデシュのダッカでレストランが襲撃され、邦人に犠牲者が出た事件もあります。そういう邦人関連のものは、現実には非常に多い。

国全体で言うと、やはり北朝鮮への対応。ミサイル発射や核実験は絶えず起きるので、これは一つの継続テーマとして定着しています。

もう一つは中国。中国の場合は尖閣関連の事案が継続していますが、文字通り水面下の話になりますけど、潜水艦の航行も多い。「国籍不明潜水艦」という扱いになることが多いですが、そういったところへの対応もあります。

危機管理監設置の時によく言われたのが、内閣における危機管理監ではなくて、内閣危機の管理監だという話。つまり、危機管理監がちゃんと危機管理をやれば、内閣は危機にならない、と。これは言い得て妙だな、と感じたのを覚えています。

ただ、日本の危機管理では、実際に問題に対応することに加えて、ちゃんと対応していることが世論に伝わるかどうかが非常に意識されているのではないかと思います。官邸対策室を設置するのも、官邸が中心になって政府全体で問題にしっかり取り組んでいますよ、という旗を立てる効果が大きい。危機管理における一番大事な要素は、国民に対する説明ですから。

例えば、内閣官房のホームページを見ると緊急事態の分類があり、武力攻撃事態、大規模自然災害、重大事故、重大事件というように分けられていて、国民に分かりやすく伝わるようになっています。基本的には、何があっても初動は官邸が対応します。実際、事態室と緊急参集チームによってあらゆる危機に対応する体制ができています。

有事には危機管理監がなんでもかんでもやるのかという議論が当初ありましたが、今はそこの考え方は整理されています。当初は何が起きるか分からないから、事案に対して危機管理監で立ち上がる。その後、情勢の推移に応じてより拡大した体制を作る。危機管理監設置当初の所掌事務論争は、今は比較的色彩が薄れている。国家安全保障局ができたこともあって、内閣官房の体制は本格的な有事への対応を別にすれば一応出来上がってきているんではないかなと思います。

危機管理の体制をどうするかという点で最も大きな議論になったのは、国家安全保障局を設置する時だったと思います。この時に取られた手法で一番効果的だったのは、トータルの人数を増やしたことです。しかも、それぞれの機能を重複させて、お互いが連携を取ることを担保するため、内閣法（16条）で国家安全保障局次長には内閣官房副長官補を指名するという制度を組み込んだ。当時、国家安全保障局ができたら事態室は要らなくなる、みたいな議論がありましたが、私はそうは思いませんでした。内閣官房のスタッフの数は今でも足りないぐらいなのだから、トータルの数が増えるようにしなければいけない、と。

今は、いわゆる事態室のチームは100人以上いると思います。国家安全保障局のほうも、初代局長だった谷内《やち》（正太郎）さんは100人ぐらいは必要だと言っていましたが、その後設置された経済班を含めて現在は100人規模になっている。数を言えばキリがないのですが、あんまり多くしすぎてもしょうがない、という感じじゃないでしょうか。

プッシュ型支援

髙見澤　兼原さんも既におっしゃってますが、危機管理における総理のリーダーシップは、決断をしてくれること、方向性を示して優先度を判断してくれること、これに尽きる。そして、その決断を国民に対して分かりやすく直接伝えることです。

内閣なり東京なりの体制というのは、こういう形でできてきていますが、地方に行った時にそれができるかは疑問です。地方に内閣官房はない。国際的な事案が発生した時も同じで、在外公館にも内閣官房はないわけです。だから、地方との関係、あるいは国際的な事案における危機管理チームの構築という部分は、課題としてあると思います。

地方との関係で言えば、2016年の熊本地震は非常に画期的な意味合いがありました。中央と地方の関係を変えた部分があったし、要請が入る前にこちらから動くプッシュ型支援もやりました。熊本県庁や熊本市に、関係省庁などの危機管理担当の幹部を派遣した。それも土地勘のある人たちを選び、持ち場を離れて異動させ、実際に現場での活動にあたってもらいました。先ほど佐々木さんから人間関係という話がありましたけれど、地方の側からも顔の見える人が来たという信頼をある程度得られた。これは重要なポイントだったのではないかと思います。

あの時の防災担当は河野太郎大臣でしたが、河野さんは情報収集も自分でされていました。非常に落ち着いた様子で、官邸の危機管理センターに朝来て、情報収集したらさっと去っていきました。官僚の中には、河野さんをスタンドプレーが過ぎると言って評価しない人もいますが、この時の危機管理に際してはプラクティカルに仕事を進めておられました。私自身、以前とは全然印象が違うなと思ったのを覚えています。

熊本のケースでは最初に震度7が来て、それで終わりかと思いきや、実はそれが前震で本震はその後。結局、震度7が2回続いた。現場は混乱していたし、熊本県と熊本市の関係もすごく複雑でした。その意味で、プッシュ型支援に問題がなかったわけではありませんが、官邸のイニシアティブによる幹部の派遣など支援体制はおおむね良かったのではないかと思います。

いずれにしても、日本の危機管理は防災中心で走ってきて、「本当の危機」を我々はまだ経験していない。つまり、国を挙げて本当に対応しなきゃいけないような「災害以外の危機」があるかも知れない。それを実際にどういうふうにしていくかというのがこれからの課題だと思います。
内閣の危機管理センターは、関係閣僚や関係省庁の幹部が新しく着任すると、必ず一度ご視察を頂いていました。危機管理では事態は一刻を争いますので、「知らなかった」じゃすまされませんから。

佐々木　髙見澤さんの話で思い出したことがあります。私は東日本大震災の時に内政担当の内閣官房副長官補で、初動は危機管理監が対応しましたが、それが終わった後は私のところで調整を担当しました。それこそプッシュ型支援で、必要な物資をどんどん被災地に送っていたのですが、ある県の担当者で、「これ、国庫負担は何割なんでしょう？　地方負担はどのくらいになるのですか？」と聞いてきたところがありました。万単位で人が亡くなった災害対応の時にそんなことを考えなくていいと思うのですが、それが心理的な障壁になって救援物資を受け入れないなんてことになったら困ります。そこで私は財務省の主計局にその話を伝え、最初は全額国費でやるべきだ、と伝えました。ここから先は記憶が定かじゃないですが、その主計局の次長は確か予備費で新制度を作り、地方負担なしで当初必要な食料や暖房器具を送ることが可能になりました。恐らくプッシュ型の支援の最初は、東日本大震災の時だと思います。

高見澤　確かにそうですね。熊本の時は、県と市の関係が混乱していて、そういう時にプッシュ型の支援が活きた。県と政令市の関係って、権限が入り組んですごく難しいところがありますから。

「そんなことはもういい！」と言える人が出てくるか

兼原　官邸にいてつくづく思ったのは、霞が関には「そんな話、どうでもいいだろ！」と突っ込みたくなるような話にすごくこだわる人たちがたくさんいることです。次官、局長クラスはさておくとしても、政治から距離のある課長クラスは特にそうです。狭いところで非常にまじめに仕事をするクセが染みついてしまって、「私のところの責任はどうなるんでしょうか？」という思考から抜け出せない。危機においてはそんなものはすべて吹っ飛ぶ、ということが分からない。だから、職分に忠実にがんばっちゃうわけです。そういう人が一人いると、政府としての優先順位が狂ってしまい、基本的には合議で動いている政府の動きがそこで全部止まっちゃうことがあります。誰かが上から「そんな話はもういいんだよ」って言ってあげないと動かない。その大号令は官邸にしか出せません。

高見澤　そうですね。役人は、法律とか制度を中心に事態に対応しようと考えちゃいますから。前例のないような危機になっても、そこはどうしても抜け出せない発想としてあるんじゃないですか。

兼原　危機管理の条文は憲法にないですが、危機管理監なり事態室に「今はそんな話をしている場合じゃない」と言える権限を与えないといけない。誰かがものごとの優先順位をつけないと、あちこちで役人が立ち往生して、危機において政府が機能麻痺する。

高見澤　コロナを巡っても、うまくいっているケースでは、「そんなことといいんだよ」と言う人が、だいたいどこかで出てきている感じです。その人が自分の持ち場を超えて責任を持ってまとめます、と言いだすとシステム開発でもなんでもうまくいくという話を企業の人がしていましたけど。壁を取っ払ってやる人がいないとダメですね。

兼原　地方と国の関係も難しいというお話はよく分かります。日本は戦後、アメリカ風の地方重視の仕組みを入れちゃってますが、本来アメリカと日本では国の成り立ちがまったく違う。アメリカは信長や秀吉の時代みたいな全国武力統一を経験しておらず、小さいコミュニティが合意して州を作り、連邦政府を作った。すべて合意とディールによってあの超大国を作ったわけです。だから地方がしっかりしている、というよりも、そもそも地方こそがアメリカ合衆国の基盤なのです。

日本は明治以降、中央集権化して、地方行政は内務省が全部仕切る形を取りました。昔の知事は官選で、地方は初めから国に依存しているところがあるので、大きな危機になると県庁が対応しきれない。だから中央から人が行って仕切らないとダメです。ある程度大きな権限がある中央の人なら、「そんなもん、どうでもいい!」とか、「財務省の主計局にはオレが電話しておく」といった対応ができる。そういう人が来てくれないと、危機対応はなかなか進みません。

佐々木　お金の問題なんか後でちゃんと国との間で精算すればいいんです。何とか考えてくれますよ。

権力の本能としての修正能力

曽我　熊本がエポックメイキングだったというのは私の実感でもあります。私はたまたま熊本が新聞記者になった振り出しの地だったこともあって、蒲島《かばしま》郁夫熊本県知事や大西一史《かずふみ》熊本市長ともよく話をしました。あの時、2回続けて大地震が起きることが予見できなかったとはいえ、初日に屋内避難の指示をめぐって、かなりもめたんです。屋内避難をしてくれっていう官邸側の意向があって、現地に指示が来ていた。

ところが、実際おびえている人たちがいるから現地の役所は屋内避難にはためらいがあった。やはり東京の官邸と現地の県庁、市役所では体感が違う。あのままで震災対応が推移したら、心理的なしこりが残ったでしょう。ただ、官邸はすぐに切り替えた。熊本に出向経験があり人脈と土地勘を持つ在京の官僚を現地に派遣しました。全国の自治体が役割分担して熊本を支える仕組みもワークし始めた。あれでその後の中央と地方の関係は随分と変わったのではないですか。いわば官邸の修正能力です。現場である地方の不信感を解消することに全力を挙げた。

兼原　それは権力の生存本能の発露だったと思うんです。国民は権力に介入されるとすごく嫌がりますが、有事には逆に権力のほうを向いて、すがってくるわけです。その時にしっかりしていないと「ダメおやじ」と認定されて、権力は即死します。権力を維持しようと思ったら、とにかく要求に応えなくちゃいけない。娘がけがしている時に、日ごろ頼りないお父さんがなりふり構わなくなるのと同じで、そこは必死に頑張らないといけないわけです。
　だから、危機に際して国民の不満が出てくると、「早く決断しろ」と官邸にすごい圧力がかかる。テレビで「○○公民館です。水がありません」と報じていたら、「すぐに水を持っていけ」って指示が出るくらい。現場の自衛隊は多少文句を言ってましたし、若干やりすぎの面もありましたが、権力とはそういうものなんです。危機的状況で国民に不満があったら直ちに解消しないと政権が倒れる。何のための政府だという話になる。だから反応するんです。

曽我　そこは本能的な反応なわけですね。

兼原　それは権力の反応として正しいことだと思います。うまくいって良かったなと思います。それができない政権もいっぱいあるので。

髙見澤　いま曽我さんがおっしゃった土地勘とか出向経験という話は、脇のようでいて実はけっこう本質的な話です。3・11の時も大学で教えていた時のゼミに所属していた職員を動員してうまくいったとかいう話が結構ありました。人間的つながりは大事です。私も日米調整をやっていた時に、関係省庁からリエゾンで私の局に来てくれた連中というのは、私の部下として、あるいは近くの部署で、一緒に仕事していたとか、防衛省に出向したことがあるとか、研修で講義をうけたことがあるという縁がある人が少なくなかった。人間関係があって、信頼できる人が来てくれたなという感じがありました。だから、何気ない人のつながり、元ゼミ生とか出身が同じとかという話は、現実にはけっこう大きい要素だと思います。

私は熊本の地震の後、事態室に来ている人全員を対象にして、どの県にどういう土地勘があるか全部登録したらどうかという話をしました。

曽我　そういうことだったんですか。

髙見澤　子どもが今〇〇県にいるとか、「〇〇県には住んでいたことがあります」みたいな申告をしてくれという指示を出したことがあるんです。私は熊本地震の後すぐ官邸を辞めてしまったので、その後はフォローしていませんけど、そういう土地勘リストを作って、危機管理即応予備自衛官みたいな感じで、危機管理予備員をリスト化してみたら、と言ったことがあります。

実力部隊をきちんと動かせるか

兼原　次に「実力部隊をどう動かすか」というテーマに移ります。日本政府には数多くの実力部隊があります。警察官30万、自衛隊25万、海保1万5000。消防組織だって民間（消防団）を入れて100万人います。あと水管理・国土保全局という、昔の建設省河川局があり、ここは洪水対策でものすごい力を発揮する。かくも多くの実力部隊がいるわけですが、所管大臣は全部違う。これを一気に統括するのが事態室なんです。

私も髙見澤さんと同じで、NSC（国家安全保障会議）ができても事態室がなくなるわけがないと思っていました。NSCはかつての安全保障・危機管理室から安全保障に関する政策部分だけを切り離してきて、それを外交とくっつけているだけなので、実力部隊を統括する事態室の機能は危機管理チームとして絶対に残る。結局、事態対処・危機管理室――これって英語の「シチュエーションルーム」の訳と重なりますが――に名前が変わって、今も強大な組織のままになっています。日本政府の「力の官庁」をまとめるってすごく大変だと思うんですが、実際にその任を担った髙見澤さんのお話を最初に伺えればと思います。

髙見澤　一番大きかったのは、危機管理に関わるトップが安定していたことでしょう。

第2次安倍政権になってからは、総理、副総理、官房長官、外務大臣が全部一緒で、防衛大臣も小野寺（五典《いつのり》）さんが2年近くやられていたので、全員がずっと経験を蓄積していった。

ナレッジベースが高いので、我々が何らかの報告を上げても理解のスピードがものすごく早いわけです。逆に政治家のほうからの情報要求も、非常に明確な形で下りてくる。これは事態室を統括して、警察、自衛隊、消防、国交、海保などとつなぐ上で非常に大きかった。やれと言えばこの政権はやるし、そういう強い力があるのだということをみんなが理解していた。

実際の事務方のチームワークはどうだったかというと、当時は内閣危機管理監をヘッドとする危機管理関係省庁会議などがありましたが、飲み会というか懇親会と体育会系の行事の二つをけっこうやってました。懇親会というのは、それぞれの局長なり次長なり、危機管理の際に緊急参集チームとして必ず来なきゃいけないような人間を一堂に集めて食事をする機会を持つことです。お互いいろんな話をすることで人的つながりもできますし、発想なり感覚なりも共有されます。暗黙知と言うかどうかは別にして、そういう人間的つながりを作っておくことは重視していました。

それから、チームワークを作るためには運動競技がいい。当時、私はよく「アンキユナイテッド」（安危 United）と呼んでいましたが、安全保障・危機管理担当の合同チームがいろいろできました。フットサルのチームもありましたし、「内閣官房・内閣府のソフトボール大会で優勝しよう」ということで練習したり、千代田区の運動会に参加したり。皇居一周リレーでは絶対優勝という目標を立て、大体5000メートル15分台から17分ぎりぎりぐらいの人が選ばれていました。今は鹿児島県選出の代議士で、当時総務省（自治省）から出向していた職員がアンカーを務めたこともありました。そういう体育会系行事をやると非常によいチームワークができる。

あとは制度についての知識が大事だということで、これは若干自衛隊的なんですけれども、初任者には必ず徹底した研修をやりました。それで現実に具体的な動きを作る。実際に総理の発言要領とかを教育課程の中で作らせるわけです。高度になってくると、いろんなシミュレーションもしてみる。そこに政治家は必ずしも絡んでいないんですけど、少なくとも担当者以下はそういう作業をすることで、事態に対処する筋力を高めていったわけです。

ただ、それでも問題は解消しない。官邸のチームとしてはできるんですけど、チームメンバーの母体である本省との関係が難しい。本省の担当とはうまくいっても、その上に上司がいる。大臣まで含めたその上の人たちに、制度的な理解を促したり、こういう動きが必要ですよということを一生懸命アピールしていくことは必要ではないかなという感じがしました。

それでも現場のある役所はまだ協力しやすい。警察にしても地方に行けば、自衛隊の地元部隊や消防と、地域の防災の関連でしょっちゅう一緒に仕事しているわけですから。でも地方に実働部隊がないところ、例えば厚労省や経産省などとは協力関係を作るのが難しかった感じがします。

コロナ対応がどうだったのかは私には全く分かりませんけれども、私は一緒に働くチームの感覚をどうやって作るかには腐心しました。だいぶ体育会的、自衛隊的だったかも知れませんし、これからはオンラインでもそれをできるようにならないといけないのかも知れませんけど。

飲み会はけっこう大事です

佐々木　髙見澤さんがおっしゃるのは私も本当にそう思って、危機管理チームだけじゃなくて、いろんなところがそうだと思うんです。日頃から相手が考えてることが分かるくらいに意思疎通ができないと、いざという時にうまく動かないですよね。

内閣官房では以前やっていましたね、定例的飲み会。

兼原　昔、業務終了後にやってましたね。

佐々木　1週間に1度、当番を決めて、飲み会をしていた。

参事官というのは旧省庁ベースで22~23人いて、大体任期が2年ぐらいなので、一月交替で担当を決めると任期中に1回は当番が回ってくる仕組みです。会費制にして、担当者が昔勤務した地方の名産品などを買ってきたりして、お酒は持ち込み可能。

そこで、各省出身の参事官がお互いに利害が対立するようなことも、本当はこうだよね、と言って裃《かみしも》を脱いだ感じで話す。そういうベースがあるとすごく総合調整がやりやすい。危機の時なんかなおさら、そういうベースがないとスムーズに動かないんだろうなと思います。今はあんまり飲み会は推奨されないのかも知れませんが。

兼原　いや、こういうのは大事ですよ。

イギリスのメイ首相が辞める直前に、安倍総理と一緒にロンドンを訪問しました。メイさんと安倍さんは本当に仲が良かったので、メイ首相は辞める直前の多忙な時でしたが、丸一日安倍さんのために空けてくれました。ラグビーのスタジアムに見学に行って、そこに英国の危機管理チームを集めてくれた。ロンドン・オリンピックのテロ対策について、英国政府はこういうふうにやっていたってことを、実地でブリーフしてくれたんです。その時に、メイさんも佐々木さんと同じようなことを言ってました。「指揮命令系統がはっきりしていないとぐちゃぐちゃになるよ」というのは当然のように言われましたが、それに加えて「横の活動をした」って言ってました。「横の活動」って、要するに風通しを良くするということでしょ。日本では飲み会ですよね。とにかく「全体を一つのチームにする必要があるので、横の連絡と意思疎通を日ごろから良くしておかないとダメよ」ってことを散々言われて、リーダーってどこでも同じだなと思いました。

私が逆のことを感じたのはコロナです。私が政府を出た後の話で、直に聞いてないので、ちょっと無責任ですけども、田村憲久さんが2度目の厚労大臣になり、菅総理のところに行って、「厚労省が全然言うことを聞かない」と愚痴をこぼしたら、菅さんは、「そりゃそうだろう。総理の言うことも聞かないくらいだから」と言ったそうです。

元厚労省幹部の人と話す機会があって、「なぜですか？　民主党政権時代に新型インフルエンザのワクチン問題でいじめられたことがしこってるんですか?」って聞いたら、そうだと言うわけです。あの時、若い技官が逮捕されたが、政治家も高級官僚も誰も責任を取らなかった、と。大臣は技官を叩くばかり。しくじったら官僚を叩いてもいいけど、その後は「俺に付いてこい、俺がしっかり改革して立て直すから」と言わなければいけない。単に首を切って喜んでるだけなら、絶対に政治家も高級官僚も二度と信用しないという話になる。だから、それ以降、厚労省の薬事系の部署は、150%安全でないと薬を認可しない。

髙見澤　今の話で思い出しましたけど、日本年金機構に対するサイバー攻撃があった時にも、厚生労働大臣だった塩崎恭久さんが非常に困っていました。厚労省は本当に言うことを聞かないわけです。私はNISC(内閣サイバーセキュリティセンター)の長も兼務していたから何とかしたかったけど、話をしても反応がない。当初はそもそも誰が担当かも分からない状態でした。しょうがないので「サイバーセキュリティ基本法上の重大な事象」に該当するものとして対応するケースだという話をしたら、ようやく動きだしたんです。

兼原　私たち財務、防衛、外務は官邸に近い役所なんですよね。しょっちゅう怒られるし、結構わがままも言われるので慣れてるんですけど、めったに総理に会わない役所ってあるわけです。この役所の人たちは総理対応が不随意筋化しているので、突然命令されても何をどうしていいか全く分からない。彼らは忖度なんか全くしないです。忖度するのはふだん総理に会う人だけですから。

民主党政権の時にMERS（中東呼吸器症候群）の流行があってパンデミック室ができたんですが、これは佐々木さんの大英断によって、厚労省じゃなくて内閣官房に置かれました。それで毎年1回、パンデミック対応の訓練をしていましたが、主に想定していたのは感染症の流行地域からの邦人救出です。日本でパンデミックは起こらないと思っていた。だから、今回のコロナ禍でも武漢に飛行機を送って邦人を帰国させるオペレーションはうまく行きましたが、クルーズ船のダイヤモンド・プリンセス号が入港して来たり、日本で本物のパンデミックが起こったりしたらお手上げ状態になってしまった。保健所もパンクしましたが、保健所ってそもそもパンデミック対応をする役所じゃないし、そのための訓練もしていなかった。やっぱり大きな危機には、日頃から訓練していないと対応できません。

NSCは危機管理のほうに半分絡むので、私は危機管理チームものぞきに行ってましたが、圧倒的に体育会の雰囲気なんです。武者溜まりって感じで、怒号が飛び交っている。外務省から出向している人は最初のうちは結構ショックを受けるようです。私は、「警察や自衛隊は体育会系だから怒鳴るんだよ。事態室で外務省みたいに優しくしてもらえると思うな」と言ってるんですが（笑）。

髙見澤　怒鳴ってるんじゃないんです。優しく言ってるんですけど、地声が大きい（笑）。

兼原　体育会系の事態室で最初に災害対応をし、復旧段階に入ってきたら直ちに内政担当副長官補の下に業務を移す。安倍政権の時は、この連関がうまくいってたんじゃないかと思います。だけど、本当の有事になったら、今度は外交と軍事が入ってくる。外交と軍事と国内の官庁の業務統括をやらなくちゃいけませんが、この仕組みってまだないですよね。いま有事が起きたら日本政府は本当にばらばらになると思います。

役人みたいな政治家が増えた

曽我　今日は最初にここ30年ぐらいの歴史の話をしましたけど、個人的には、この30年で一番社会的な評価を下げたのが新聞社の政治部かもしれないと思う（笑）。一方で、認知されて普通に議論できるようになったのが自衛隊だと思っています。阪神・淡路大震災の時に自衛隊をすぐ派遣できなかったのは、時代の意識として一種の自衛隊アレルギーが残っていたからで、その感覚は私自身の中にもありました。

ただ、その後ＰＫＯ派遣から周辺事態法、安保法制と続いてきて、普通に自衛隊をどう使うかという仕組みもできて、今や共産党までが「がんばって働いていただく」と発言するようになった。その中で、私たち記者の側の取材の仕方も相当変わってきた。

以前は実働部隊である自衛隊の取材は社会部が担当し、政治部はあくまで防衛庁の取材に徹していましたが、今はもう霞クラブ（外務省記者クラブ）の一員として外交と防衛を両方やらないと防衛担当はできないという時代になってきた。かつてのように、防衛担当記者は特殊な存在で、専門知識がないとできないというところは明らかに変わってきた。そういう点では、さっきの実際の指導の仕方というのが私にはすごく面白い。恐らくそういう話ってみんなほとんど知らないと思うんです。

ただ、ちょっと引っかかっているのが、政治家が役人化して役人が政治家化している分野の典型が防衛分野に感じられることです。防衛分野は「族」が見えなくなって、一方で長島昭久さんとか細野豪志《ごうし》さんとか、防衛に関心がある人はみんな野党を出ちゃう。

これからは、使える人の育成みたいなことが特に重要になってくるのではないか。自民党はそれでも何とかなるでしょうが、保守系野党でそれができるのか。

兼原　政治家が役人みたいになっちゃいかんのですよ。これはもう時効だと思うので話してしまいますが、昔、自由党が自民党とくっつく時に小沢一郎さんが政局絡みで「国連軍を作れ」みたいな妙なことを言っていた。それで、局長クラスが行ってケガするといけないから、とりあえず若い課長を送って説得させろということになって、「一番若いお前（兼原）が説得してこい」って言われて、小沢さんと一対一で2時間話しました。当時39歳ですよ。その若い課長に向かって、小沢さんはすごく細かい法律の話をするんです。私は最後に、「先生、これは政治判断ですから」って言ったんです。そうしたら小沢さんが憤然として「俺たちをこういうふうにしたのはお前らだろ」と言われました。これは確かにそうなんです。

その逆が安倍さんで、平和安全法制を一緒にやっている時に昔の内閣法制局長官の憲法9条解釈答弁を細々と説明していたら、安倍さんがだんだん不機嫌になってきたことがあります。その時は、最後に安倍さんがこう言いました。「内閣総理大臣が従うのは最高裁の判決だけだよ」。

これぞ政治家の発言なんです。最高権力者なのだから、白黒のつかない細かい話や優先順位の低い話はぶっ飛ばして構わない。細かい話を飛ばせば、憲法上、内閣総理大臣が従うべきなのは国会と最高裁だけ。あとは自分で判断し、「最後の責任は俺が取る」というリーダーとしての決断をみんな期待しているわけです。政治家が細かい議論を覚えてきて、私たち役人に蕩々と説明をされたところで、こっちは「先生、分かってますから、早く決めてください」としか言えない。

勉強していることは良いことなんですけれども、政治家の本当の仕事はそれじゃない。それを勘違いしている人が増えてきた。準役人になったら政治家の価値はないです。タスキをかけて駅前や公民館で演説して、国民の生の声を情報として持っているというのが政治家の最大の強みですから。

髙見澤　そうですね。紙だけで理屈を詰める政治家が多くなってきて。

兼原　それは役人、しかも課長補佐の仕事ですよ。

髙見澤　危機の時というのは情報が絶対足りない。足りない中で判断しなきゃいけないから、いつまでも情報を求めているということは、要するに判断したくないということと一緒です。そういう人が政治家にもいるわけですよね。私は、そこを非常に危惧しています。

海上自衛隊と海上保安庁の関係

兼原　もう一ついいですか。私、高見澤さんのところの危機管理チームのことを伺いたいんです。実力組織を束ねるということのご苦労が、本当のところよく分からない。警察、自衛隊、消防署、海保などには武勲争いがあって、誰が一番初めに現場に行くかと、一番槍争いで結構もめるという話をちょろちょろ伝え聞きますけど、そういうことはあるんでしょうか。

高見澤　あります。3・11の時には、墓場まで持っていきたいような悲しい話がたくさんあります。それを防ぐなら、現場に最初に着いたところが指揮を執るというのを決めておけばいいんです。確かイスラエルはそうなっています。ミサイルが落ちても何でも、警察などの法執行機関とか軍とか、最初に着いたところが仕切るというのが決まってる。

兼原　ちゃんとしてるんですね。

高見澤　だから、そういう形にするか、もうちょっと実務的交流があってもいいかもしれません。強制的にお互いの組織に出向させるなどしたら、かなり違う視野が得られると思います。海上保安官で防衛研究所の一般課程とか特別課程に来た経験がある人は、人的つながりができたり、防衛省の思考過程が分かったと言っています。海保にそういう人がいてくれると防衛省も助かる。実際に出向させるのが一番いいと思いますが、それができないなら研修なり何なりでお互い知り合っておくことが大事じゃないかなと思います。

海上自衛隊と海上保安庁との関係は、それぞれの成り立ちもあって難しくて、根深い感情的なものが完全になくなったとは言えないと思います。しかし、現場での協力関係も積み重なってきたので、これを更に進めて組織同士の信頼関係を構築していく。トップレベルでも実務の中核レベルでも定期的な会合をもつなどして、何でもフランクに話していくことが重要だと思います。

兼原　海自と海保の関係なんですけど、安倍政権ができてすぐに、週末に菅官房長官に海上自衛隊と海上保安庁の幹部と私が呼びつけられて、「海上自衛隊と海上保安庁は仲良くせんか」ってすごく怒られたんです。続いて海自と海保の幹部が、今度は麻生副総理に呼びつけられた。いきなり「お前ら、酒飲んでるのか」と聞かれました。「飲んでます」と答えると「じゃあ帰っていい」って言われました（笑）。海自と海保が犬猿の仲であることは、結構、政権上層部の懸念材料になっているようでした。

元々海保から海自が離れていったという確執の歴史があり、若干のアイデンティティの違いもあるんですけど、私は両方とも仲が良いので両方の話を聞いています。私が一番問題だと思ったのは、有事に海上保安庁が防衛大臣の統制下に入った時、どう海上保安庁を運用するのかという具体的な話をしていないことです。海自は「お前らも逃げずに戦場に付き合え」と言い、海保は「自分たちは治安機関であって軍隊としての活動はしない」と言っている。そこで話が止まっちゃってる。有事が発生したら、グレーゾーンから始まって本格的な戦闘になっていくのは分かりきっているので、両方共現場にいるはずなんです。グレーゾーンの時点での連携をどうするのか。特に私は海上保安庁と海上警備行動下令下の海上自衛隊の武器使用を警職法（警察官職務執行法）で縛ることに強い違和感があります。相手は民兵であり、人民解放軍海軍隷下の海警ですから。

そして、本物の戦争に切りかわったら、文民警察である海保を戦場においておくわけにはいかない。撤収させる必要がある。陸上自衛隊だって、数が足りないから沖縄県警を戦場に出せなんて言わないですよ。また、海上保安庁の船は軍艦ではないので装甲が薄い。アルミの船だから弾が当たったら穴が開く。水が入ってきたらパーティションがないので沈むでしょう。だから、有事になったらどこかで引き上げないといけません。そうでなければ海上自衛隊の護衛艦が海上保安庁の巡視船を護衛しなければならない。それならむしろ海上自衛隊が手薄になる北方海域で警戒監視の通常業務をしてもらった方が助かる。

しかし、今はそういう中身の話ができる感じじゃないんです。こういう場合、総理が「どうなってるんだ?」と言わないと、きちんと調整しないですよ。どちらも巨大な実力組織なので、私のような国家安全保障局の文官がちょっと何か言ったぐらいでは収まらない。「最高司令官の総理が言っている」と言わないと実力組織は動かない。逆に、総理大臣には、実力組織全体を最後に仕切っているのは自分だという意識を持っていただきたいと思います。

（注：2022年12月に策定された新たな「国家安全保障戦略」において「有事の際の防衛大臣による海上保安庁に対する統制を含め、自衛隊と海上保安庁との連携・協力を不断に強化する」との方針が示された。また、同時に策定された「国家防衛戦略」に従い、連携要領や必要な訓練・演習に関する検討が開始されている）

第三章　安全保障の司令塔としての官邸

兼原　それでは、第二章ですでに語り始めてはいますが、安全保障の司令塔としての官邸の役割に話を移します。ここは一般論と、台湾有事の準備の二つに分けて話し合いたいと思います。髙見澤さん、またキックオフをお願いします。

髙見澤　有事における総理の役割は、最高指揮官、国家指揮権限者（National Command Authority）としての仕事です。国家指揮の権限者が何を判断するべきなのか。そういう事項は、自衛隊のプランニングの中でも日米のプランニングの中でもある程度明確にしておかなきゃいけないと思います。

国民に対して責任を持って説明するというのは総理の大事な役割ですし、今でも重要な政策の時にはやっていますが、同時にリスクを伴う難しい判断をするのだということを、総理はあらかじめ理解し準備しておかなければいけない。もちろん、緊急事態が発生して武力攻撃予測事態とか存立危機事態とか、事態認定の判断を最終的にどうするのかということもありますけれども、作戦が実際に始まってしまったら重大な判断を下さなければならない局面がある。領土を奪われかかっている時の攻勢作戦をどうするのかとか、あるいは停戦の議論や部隊の撤収の話もある。日米共同作戦で敵基地攻撃を決断することもあるかも知れない。そういう微妙なことも含めて総理に判断していただかなければいけない厳しい事項があることを常日頃から覚悟していただく。中曽根政権の時に、ソ連がこれからアメリカと交戦状態に入るとかいう電報を打って、それをたまたま拾って大変なことになったという報道もありましたけれども、ふだんからそういう判断を求められる局面があるということを常に意識していただかないといけない。

総力安全保障

髙見澤　それから、ウクライナのゼレンスキー大統領を見ていてもすごく感じますが、直接的な首脳レベルの話がどんどん重要になっている。「あいつか！」というような形で、首脳同士が分かり合う。そういうことができる人に総理になってもらわないと困る。首脳でないとできない部分というのがものすごくあるように感じます。

自衛隊の戦略的指導ということで言うと、さっき話した国家指揮権限に関わる事項というのもありますが、自衛隊の思考メカニズムとか、戦いの時のバトルリズムに対する理解があるかも重要です。情勢を判断して、現場に任せて、その結果について再評価して、戦いを流していくバトルリズムです。その中で、総理が何を言わなきゃいけないかということと、どういう情報を必要とするかを理解する。

私は最近、「総力安全保障」ということを言っています。国家に関わる全てのものが融合して一体となった安全保障です。経済安全保障を含んだ総合安全保障よりも、もっとインテグレーション（結びつき）が進んだイメージです。というのは、現在では平時においてもサイバー戦やインフルエンスオペレーション（影響力工作）、世論戦などが行われているので、安全保障が有事対応だけでは済まなくなっているからです。そういう状況の中で、実際の有事に際して政府の力をどう結集するのか。そこの部分のリーダーシップが総理には求められているわけです。

これは台湾有事に限りませんが、今の状況というのは、実際に抑止が破綻して紛争が発生してしまうということが起こりうるわけです。かつて三宅島で噴火が起きた時に全島民の避難がなされたことがありましたが、有事の際には先島諸島で同じような対応を、実際の紛争の前にやらなければならないかも知れない。その状況の変化に先立って、どういうふうに国民保護を進めるか。それは事実上、任意的な措置としてやる場合もあれば、法的な形でやるということもあると思うんですが、そういったところの判断も求められる。

加えて、最近は重要インフラが機能停止に追い込まれた時にどうするか、という判断も求められます。電力の需給が逼迫している時にサイバー戦やマルウェアによって停電を起こされたらどうするのか。

ウクライナはわずか4か月かそこらで、クラウドに行政データを移し、それを継続しているそうです。事前に相当準備しておかないと、そんなすぐにクラウドに大量のデータを移すのは不可能だと思います。そういう重要インフラのレジリエンス（強靱さ）を高めるような話は、恐らく総理レベルの判断がないと動かない。

内閣官房の中でも、いろんなシミュレーションが想定されて、かなり進んではきていると思います。大事なのは、政治家も含めた上への広がりと、自分のところは全然関係ないと思ってるような役所まで含めて危機への感覚を身に付けてもらうこと。3・11の時に感じたのは、「この話ってこんな役所も絡むんだ」というようなことがたくさんあったことです。キープレイヤーがどこにいるかというのは役所を知らないと分からない。分からないと、危機に際して初めて誰かに「こういうやつ、いないかな」みたいな形で頼むことになりますが、その時に初めてというんじゃ遅すぎる。

佐々木　いま高見澤さんがおっしゃったような面での対応能力、今どのくらいあるんですかね。

高見澤　以前よりは確かに良くなっていると思うんです。勉強も訓練もしている。だけど、実際に全部一遍に動かしてみてはいないので、分からないことが多いと思うんです。

例えば武力攻撃事態対処方針のテンプレートというのは幾つもあるとは思いますけれども、実際に関係省庁も含めてみんなでワーッと動かして、その場で一度、演習で試してみたということは多分ない。まだ比較的狭いサークルでやってるんじゃないかと思うんです。関係者は広がったけれども、オープンかつ真面目にやって、教訓や課題が上にも上がって、よく理解されているというような状態にはなっていないのではないか。

自衛隊は動けるが、その周辺は怪しい

兼原　実際に戦う自衛隊への支援もあります。私の直感だと、事態室は実力組織を動かす運用が主たる任務の組織なので、法律の制約をどうする、油がない、電気がないというような話は、佐々木さんが担われた副長官補室、いわゆる内政室に来るでしょう。内政室と、部隊運用の事態室、対外的な調整と全体の政策を見る国家安全保障局（ＮＳＳ）が、有事には三位一体になる。内調（内閣情報調査室）も絡んでくる。そこでの判断を総理、官房長官に上げて、決めてくれとやるんですが、こんな政府全体の動きを練習したことはないと思います。

さすがに自衛隊は毎年練習しているので、この場面ではこれをやるという総理決裁事項は決まっている。総理にはあんまり沢山の項目を上げちゃいけない。総理決裁事項は最重要なものに絞って、一局面について三つか四つです。有事になりそうだから事前に部隊を展開しようとか、戦闘が始まりますよとか、米軍が来るから受け入れ準備をしようとか、勝ったか負けたかの判断や戦後賠償処理、領土処理、捕虜交換などの戦後処理。そういう節目の大きな戦略的決断だけをしてもらって、あとは報告を聞くだけです。

総理に軍事戦術的な細かいことを言われると困るんです。戦時の政府と軍の関係は、リング上のボクサーとセコンドの関係ですから。セコンドがあまり細かい指示を出すと負けてしまう。そもそも戦っている将兵にそんなことを聞いている余裕はない。孫子の言う通り、「将の能にして君の御《ぎょ》せざる者は勝つ」です。

有事に自衛隊などの実力組織は、日ごろの鍛錬の成果もあってある程度動くと思うんですけれども、その脇が怪しい。自衛隊が動く時に電波はどうするのか、自衛隊は道路を移動できるのか、どこの特定公共施設の港湾を開けるのか、その港湾の水深は測ってあるのか、どの空港を開けるのか、その滑走路は使えるのか、そういう調整です。警察庁、総務省、国交省、厚労省といった旧内務省系役所を一遍に動かさなくちゃいけない。多分、運輸省系の部局は内心では準備しなくてはいけないと思っていると思います。総務省の電波はちょっとよく分からない。それ以外の、例えば戦時にお医者さんをどう動員するかなどは、全く準備がないと思います。

こんな状況ですから、私は髙見澤さんと一緒に内閣官房副長官補をやっている時に、「『ここが困るよ自衛隊六法』を作れ」と言っていたんです。自衛隊を平時の仕組みでがんじがらめに縛る法律が多すぎて、改正していく必要があるのですが、一つ法律を動かすのに2～3年かかる始末。それが何百項目もあるので、緊急事態条項を憲法に書き込んで、そうした制約を有事の始まる前に一気に取っ払う仕組みを作らないと間に合わないのではないでしょうか。

髙見澤　自衛隊の行動をめぐる法的問題については、幾つかのパターンがあります。一つは国民に迷惑をかけるから普段は自衛隊はやらないでくれということで規制が課せられているものです。電波法の規制があっても、自衛隊に例えば電子戦能力があり、訓練もできていれば、有事には深刻な問題にならないかもしれない。一方、自衛隊の行動を支援するため、関係省庁や関係企業、国民に積極的な支援をお願いする話。これは自衛隊ではできないので、実際に皆が一緒になって動かしてみないと分からない。このような部分は知識、訓練、経験がないと動かないんです。

武力攻撃事態等対策本部という法律的な枠組みはあるんですけど、重要なのは、具体的にどういう人間をどうやって引っ張ってくるか。それから、自衛隊なり防衛省のほうからは、どこのセクションに誰を派遣するか。恐らく各省庁に自衛隊のリエゾンが大量に行かないと各省の仕事もできない。各省から武力攻撃事態等対策本部なり、防衛省や自衛隊なりに本当にノウハウを持ったエキスパートがバーッと動いてこないとできない。

多分そういうイメージになるんじゃないかと。

要員がどこに行ってどうなるかということを一度試してみないと、具体的に足りないところが見えてこない。今は、何となく足りないってことは分かっているんだけれども、実際どこがどう足りないか分からない。しかも相手の状態も刻々変化する。欺騙《ぎへん》作戦もあれば、ディセプション（偽情報）もディスインフォメーション（信用失墜のために流す虚偽の情報）もある。真贋取り混ぜたインフォメーションがいろんなところで飛び交うみたいな状況、それも24時間365日、情勢は動いていくので、交代要員もいなきゃいけないとか、そういうようなことを全部試してみないことには本当に一発でやられてしまう。

先日、KDDIに通信障害が発生しましたが、中国がサイバー攻撃をしかけて突然NTTが動かなくなる、ということもありうる。真贋も見極められない。そうなると、準備もできないうちに、どんどん有事に引きずり込まれていってしまう。だから、そういう総合演習を本当にやっておかないといけない。それが分かれば、ある程度、個別の部門ごとに今度はセミナー的なゲームをやるとか、実際のシミュレーション的なことをやってみるとか、通信量を増やしてみたらどこにボトルネックがあるか調べてみるとか、個別に対応できます。

兼原　自分の体と一緒で、政府にも普段は意識していない膵臓みたいな重要な組織がいっぱいあるわけです。総理官邸が日ごろ直接使わない組織は不随意筋化しています。それを事前に動かして練習しておかないと、いざ危機が起きた時に本当に動かない。

権力は「大魔神」

佐々木　ウクライナの危機があって、そういうのを受け入れやすい素地はできているんじゃないですか。そういうことがなくてやったら「戦争を想定しているのか」みたいな変な絡まれ方をすることから始まって……。

兼原　まあ、想定しているんですけど（笑）。

危機管理は体を動かす仕事です。口で説明する仕事じゃない。なので、政府の様々な組織を実際に動かさないと、本当に動くかどうかは分からない。日本は75年以上平和だったので、政府の中でも有事を想定して動いていない部署がいっぱいあるんだと思います。

曽我　我々新聞記者が法律論を展開する時って、どうしても「歯止め」だったり「権力の暴走を止める」ほうから立論していくんです。憲法改正の論議にしても、9条で言えば「シビリアンコントロールを入れろ」とか、「緊急事態条項には国会の事後報告が必要じゃないか」といった形で歯止め論が先行する。もちろん権力の暴走を監視し歯止めをかけるうえでは必須の議論ですが、それだけだと現実的な安全保障論議はなかなか前に進みません。

震災とか感染症と違って、戦争となったら敵対意思を持つ相手と一種のゲームをやるわけですよね。今回のコロナ対応を見ていても、日本人は最初にちょっと失敗しても取り戻す能力は異様に高いと思うんですが、有事の場合は1回ちょっと失敗したから次、というのは絶対許されない。

兼原　戦争に負けちゃう。

曽我　……という世界だと思うんです。

そういう点でお伺いしたかったのは、総理の戦略的指導は、より総理の判断が自由にできる方向で考えていったほうがいいのか、それとも積み上げ方式で上げていって「どうしますか」と聞くのがいいのか。やや感覚的な話になりますが。

兼原　古い映画のたとえになりますが、危機というのは、政府が埴輪から大魔神になる瞬間なんです。むき出しの権力が現れる。その時に縛られたままでは、大魔神は死んでしまう。国民を戦争という大きな厄災から救うためには、相当乱暴なことをやらなくちゃいけないし、政府という大魔神に暴れて貰わないと国が死んでしまうかも知れない。「白黒はっきりしないんだったら、とりあえずやって、事後に裁判でもやって、負けたら賠償金払えばいいじゃないか。所詮数億の話だろ。それよりも、俺はいま必要なことをやる」と言い切れて、決断できるのが最高権力者ですよ。それをやれるようにしておいてあげないといけないと思うんですよね。

そこで「本当にこれで国会答弁が持つのか?」なんて考える人は、総理をやっちゃいけない。国民の命が大量に危機に瀕している時に、国会答弁の引き起こす小さな政局について考えても意味がない。今から始めたとしても、膨大な量の細かい作業がいっぱい出てきて、その一個一個が変えるのに2~3年かかる話です。しかし、台湾有事のように政府が大魔神にならねばならない瞬間はいずれ来る。それだったら緊急権を作って総理に与え、あとは賠償の仕組みを作るのが早いと思いますが。

佐々木　緊急権を与えるというのは、どういう方法で与えるわけですか。

兼原　「危機においては、その法律の何条何項は無視していい」って書いておく。法律と条文を特定して、ダーッと並べて。誰の許可もいらず、総理が閣議で決めたら、その法律はもう無視していいという特別法を作っておくことが必要です。特別法の発動に際して国会承認はいいると思います。本当は憲法に緊急権を書き込むのがいいのですが。

電波法では通常、ここの周波数を使う時には郵政大臣の許可がいるって書いてあるわけですよね。だから、危機においては郵政大臣の許可はいらない、総理が命令できるという仕組みを作っておいて、何を書くかは政令で決めるというふうにしておく。もちろん損害が出たら国が賠償する、というような仕組みだと思います。

髙見澤　私もそのイメージに近いです。法律で決めれば動くという仕組みは事前に作っておく。それでも、あらかじめトレーニングしておかないと本番の危機で動かない話というのがあるはずです。枠組みができているという前提でも、想定通りには事は起こりませんから、状況がこうだからより柔軟に対応していいという場面があると思うので。

細かく全部リストに書くという、いわゆる精緻なポジティブリストではなくて、この種のものはすべてできるとか、これだけはできないというようなことを書いておく。本番になった時には、あらかじめプランニングしていたものは発動し、新しいニーズが生じた時にはその法律の趣旨を踏まえて政令なりで決めればできるみたいな、ある程度包括的なものがないと使えないという気がします。

逆に、こういう制度だからここはあらかじめ準備しとかないと絶対ダメだというところは準備できるし、ここはそんなに気にしなくてもできるというところは適宜やりましょうとか、そういう判断ができてくるんじゃないかなと思います。

今までの法律の立て方というのは、過去に起きたことに対して必要最小限の立法事実を固めていくというアプローチなんですよね。法制局に行くと、その立法事実を徹底的に詰められて、本当はこれだと対処しきれないケースもあるんじゃないかと思ったりもするけれど、法案が通らないと困るから非常に限定的に書く。すると、実際にまた何かがすぐ起きて、現状じゃ対処しきれないから直しましょう、となる。防衛装備移転三原則の前の民主党政権の武器輸出三原則等の見直しもそうでした。その都度、ちょびっとやって限界、ちょびっとやってまた限界、という形になっている。戦争の時には、それでは間に合わない。

自民党議員から民主党幹部に伝えられたメッセージ

兼原　権力は強大ですから、市民生活に対して悪さをしちゃいかんという理屈は分かります。だけど、外国の軍隊が日本の市民生活を破壊して回る時には、それを押し返すために相当乱暴な権力の行使が必要になるんです。

最悪の事態とは、権力が国民をいじめることじゃなくて、外敵が国を破壊しに来ることです。外敵を排除するには、政府に相当乱暴なことをやらせないといけない。そうじゃないと、結局、国民を守れない。

佐々木　実際、全部カバーするように法律を改正するのは無理だし、時間もかかるでしょう。だから、総理の権限の中で、国民を守るためにやることは全部やってよいとする。後で違法だと言われたら訴訟を受けてもいいという覚悟は持っておく。それはその通りですが、一方でそれを少し軽減するような一般条項ってないものですか。憲法ですかね。

髙見澤　ですね。

兼原　憲法改正が一番いいです。憲法か、ダメなら内閣法に書く。

総理の発議権って、小渕内閣の時に初めて書いたわけですよね。総理って発議しちゃいけなかったのか、とビックリしたんですけど。そのおかげで内閣官房が企画立案・総合調整権限を手にし、内閣官房が非常に強くなったわけです。それと同じことだと思います。今度は総理に非常大権を与えるって書いちゃって、その中身は政令で書くということにして、おかしいことがあったら国会でバンバン批判すればいいわけです。有事の時に国会承認を得た後しか発動しませんって書いておいて、中身は国民的に議論すればいいんです。

曽我　想定外のことが起きたということが、権力にとって最悪の有事のパターンだとすれば、だからこそ想定できることはやり尽くしておく必要があるのでしょうね。

ちょっと思い出したことがあります。東日本大震災が起きて1週間ぐらいした頃、国会の近くを歩いていたら、久間章生さんにばったり会いました。彼がちょうど落選していた頃だったんですが、すれ違って振り向きざま、「君は仙谷由人《せんごくよしと》さんを知っているよな」って言われたんです。当時の民主党政権で、仙谷氏は地震の発生を受けて政務担当の官房副長官になった直後でした。「多少は知ってますけど」って答えたら、「ちょっと伝言してくれ」とメッセージを託された。「私たち自民党には経験があるから、逆に前例がないことでもできる。しかし、民主党の人たちは真面目すぎるし、経験も乏しいから、かえって教科書どおりのことしかできなくなる。それに気を付けるように言ってくれ」と。バーッと早口でしゃべった。

すぐに仙谷さんに会いに行ってメッセージを伝えたら「こういうところなんだよな、自民党の怖いところは」と言っていました。民主党には、そういう知恵を持っている存在がなかなかいないけれど、自民党には知恵の出し方を知っている人がいる、と。そう言った仙谷さんも亡くなりましたが。

そういう感覚というか知恵というか、想定内のことをやり尽くしているからこそ想定外のことに対応できるっていう感覚を、私自身も持っていなかったものだから、反省したことを思い出しました。

「有事を前提とした適法性」を議論すべし

兼原　ロシアのウクライナ侵略は日本国民には結構ショックだったはずです。毎日悲惨な映像を見てるわけでしょう。あれが身近に起きたら大変だと、初めてリアルに思ったんですよ。

この国の平和主義は根強くて、冷戦時代の非武装中立論のような、ソ連の利益を代弁する平和主義はなくなりましたが、国会対策優先平和主義とでも言うべきものは残っている。「戦争はアメリカにやらせときゃいいじゃないか。うちは経済だけでいいんだ。これ以上、安保で野党を刺激するな」みたいな。ただ乗り平和主義です。政府与党、経済界には結構根強くあります。

1991年の湾岸戦争で日本政府は有意義な国際貢献ができなかった。日米同盟は存立の危機にあった。しかし、そのトラウマというのは、おそらく外務省と防衛省の一部にしかない。経済官庁には全くないです。だから経済官庁や、さらには与党の中にさえ、「日米安保はアメリカにただ乗りでいいじゃないか」という雰囲気が未だに強い。USTR（米通商代表部）と主に付き合ってきた経産省では、かつて「アメリカなんて信用できない」と真顔で言う幹部も多かった。経済界に至っては繁栄の前提が安全保障だという意識さえ薄かった。日本の経済エリートには軍事リテラシーが欠落していたんです。今回のウクライナの件で「本番の有事では、それでは持たなそうだぞ」という感覚が生まれている。国民の意識が変わりつつある。だから、非常大権とか緊急事態条項の話もオープンにしてやったらいいと思います。

曽我　そう思います。実際の国会の憲法論議でも、例えば緊急事態条項に関しても事後の国会報告はやはり必要だといった具体的な議論ができるようになってきています。権力の発動自体を許すか否かだけでなく、発動した後に歯止めをどうかけるかという議論ですね。

有事の時の総理判断の評価というものも考えておかなければならない。有事対応の最中に国会審議や記者会見に総理をずっと縛り付けておいて良いとは思えません。もちろん説明責任を欠けば国民の不安は高まりますから、政権にとっても情報を開示せずに済むはずはない。ただ、最終責任者の総理がどうリスクをとり判断したのかという事実を書いていった上で、冷静に有事の際の判断を審判するという姿勢が私たちメディアにも必要だと思います。

戦争に巻き込まれてはいけないという前提の下で、ただ憲法をタテにして有事対応そのものを忌避したり、有事に巻き込まれているにもかかわらずそれを見ずに権力の初動対応が発動できないような理屈を展開することは、国民の不安を解消するためには決してプラスにならないと思うんですよ。だから、メディアも野党も変わらざるを得なくなっているし、議論が具体的になっていることは悪いことじゃない。

髙見澤　そこのところは、私はゼロイチの議論にならないようにしなければいけないと思っています。緊急条項を認めるか認めないかというような話にすぐなっちゃうんだけれども、私としては、どういう緊急条項なのか、そこの幅を出すべきだと思います。もし私が総理だったら、緊急条項というのは要るらしいけれども、ちょっとよく分からんから三つぐらいパターンを作ってくれ、と言うと思います。そうした選択肢を提示しておけば、総理も国民に説明しやすくなる。何となくゼロイチで終わってしまうと、実質的な議論にならないですから。

あと、やった後の検証とか責任追及が、日本はすごく甘い。

曽我　そこは本当にそう思う。もっと言ってください。

髙見澤　ある程度任せて、やった後でそれがうまくいかなかったらそこは政治家ですから責任取ってください、あなたの対応に問題があったということははっきりしますよ、みたいなところはないんですよね。

兼原　そこをやらないといけないと思います。自衛隊の議論も同じで、自衛隊を動かさなきゃいいんだって議論が多くて、動かしてどうやってコントロールするかは誰も考えていないわけですよね。実は、これが危うい。

外交をやっているとすごく感じるのですが、国民世論もまた極端から極端に振れることがある。例えば北方領土周辺海域で、ロシアが思うように魚を獲らせてくれない。根室の人たちには死活問題です。水産庁が慌てると「領土に関する細かい法的議論はもう横において漁業交渉をまとめようじゃないか」って話になりがちなんですけど、突然、産経新聞が、「島を譲るのか」といった角度から記事にすると全国的に「領土を守れ」という議論が盛り上がったりする。「ロシアに負けるな」と、逆に振り子が振れる。国民ってそういうところがあって、どこかでポンと雰囲気が変わるんです。

国民の雰囲気が変わって、「もっとやれ！」と言い出した時、本当に政府が国民の感情のうねりをコントロールできるのかという議論をしないといけません。戦争は絶対にやらせないという議論をしているだけだと、本当に日本が攻撃されたりした時に国民が激高して歯止めがきかなくなって、逆に政府が国民に突き上げられるかも知れない。小村寿太郎が心血を注いだポーツマス条約に反対した国民が日比谷を焼き討ちしたようなことが、また起こるかも知れない。コロナ対応でも、パンデミック化した時は、むしろ国民の側から「もっと厳しい措置をとれ」「ロックダウンしろ！」という声が上がりましたよね。

警察に残るカンボジアPKOのトラウマ

曽我　この間、ちょっと調べ直したことがあります。宮澤喜一《きいち》首相がカンボジアにPKOを派遣して、それから政権を失う3か月ぐらい前の1993年5月4日、文民警察官の高田晴行《たかた》警部補が亡くなりました。私はたまたま出番だったので、「文民警察官5人死傷」というニュースの衝撃をすごく覚えています。そこで官邸を取材していたのですが、河野洋平官房長官以下、撤退論ばっかりなんですよね。総理の宮澤さんが「継続する」と判断して撤退は避けられましたが、後に御厨貴《みくりやたかし》東大名誉教授らが行ったオーラルヒストリーで宮澤さんが振り返って言っていたのも、世論が怖い、一気に流れができてしまう、という話でした。

派遣した要員が一人死んだだけで国際的な約束を破るなんて通用しないのは少し考えれば分かることなのに、やっぱり日本は政界も世論も人が一人死ぬと一気に流れが変わってしまう。これはとてもヤワなものだと思いました、と宮澤さんは振り返っています。

兼原　私は官邸で総理を支える立場でしたが、官邸は世論にものすごく敏感です。特に選挙が近くなると顕著です。世論の逆風をもろに受けると、政権という船は沈んでしまう。

曽我　宮澤さんはそれも言ってるんです。私もあと一人死んでいたら自信がなかった、つまり撤退せざるを得なかった、と。

兼原　ただ、世論はすぐ変わります。それにいちいち合わせてたら権力じゃないです。もちろん世論に逆らったら潰されますけど、少しはじっと腰を据えてくれないと。あんまりおたおたする政権じゃ困る。

髙見澤　そうですね。

私が当時思っていたのは、日本の関係者に犠牲が出た時に総理が何を語るべきなのか、ということでした。そこには国民に伝えるべきメッセージがなければならない。なぜ我々は治安のよくない地域に要員を派遣しているのか。なぜそういうことが起きたのか。このオペレーションにはどのような意味があるのか。実はオペレーションの中では日本だけでなく、世界各国でいろんな犠牲が生じているが、その中で日本が果たすべき役割は何なのか、と。

総理のメッセージをどう出すんだということは、シミュレーションなどを活用して教育のプロセス、研修の中に取り入れていかなきゃいけない。そういう発想で物事を見たら、状況はちょっと変わってくるんじゃないかなと思います。

ひとつ忘れられないことがあります。山崎拓さんが座長で中谷元さんや山口那津男さんもいたと思いますが、国際平和協力活動を進めるための一般法に関する与党ＰＴというのがありまして、その中で私が説明をした時に、「カンボジアのことがありましたけれども」みたいなことを言ったら、隣に座っていた、私が一緒に働いていたことのある警察関係者が激怒したんです。「何も知らない防衛官僚が勝手なことを言うな」とでも言っているように感じました。何気なく「カンボジアの経験も踏まえて」みたいなことを言った瞬間に激しい反応があったことに、私は本当に驚きました。

兼原　防衛省や自衛隊なら説明がつくんです。これは国際平和のためだと。警察は派遣の理由をちゃんと説明していないんですよね。「大丈夫だ」って言うばかりで。

実際に派遣された岡山県警の人たちは、何で行くか全然分かっていなかったでしょう。それで実際に行ったら撃ち殺されてしまった。何で死なきゃいけないんだと思って当然です。上級職の職員は「お前らが行けよ」って現場の警察官に言われたそうです。多分、警察組織はこの時一度、ガバナンスが壊れた。

軍隊がＰＫＯに人を出すのは当たり前でしょう。国際平和に貢献するためと言って送り出し、殉職した人がいたら「ありがとう。君の名前は永遠に忘れない」と言って説明ができる。警察は説明できないんです。普通の警察として出ていって、先方の警察を指導教育するといった任務をやっていればまだ説明できたと思うんですけど。

髙見澤　あの時のＰＫＯでは、参加する隊員に対する説明が、警察と我々とでは違っていたのかもしれません。しかし、自衛隊でも特に海外での殉職は大変なことです。私は当時、防衛庁の秘書課にいましたが、文民のサポート要員を派遣する時には、危険の伴うミッションでしたから、まだ独身かとか、いろんなことを考えてやっていました。

尖閣国有化、小笠原へのサンゴ密漁船

佐々木　私が民主党政権の野田総理にお仕えしている時に、尖閣諸島の購入がありました（２０１２年）。当時、石原慎太郎都知事が「買収して施設を造る」とか言うもんだから、それだったら国がちゃんと管理した方が中国との関係からもいいんじゃないか、ということだったと思います。あの頃もやっぱりいろいろ議論があって、恐らく防衛省は

シミュレーションもやってますよね、本当に危機的な状況になった時の。

髙見澤　そうですね。私はその頃、防衛研究所にいましたから、中国の反応についてのシミュレーションもやりました。

佐々木　武力行使に至る可能性のシミュレーションもあったのではないかと想像しますが、それでもなおかつ購入に進んだ。恐らくは軍事的な力関係も全部見定めた上でのことでしょう。

兼原　当時はまだ日中の国力も武力も均衡してましたから。今は完全に中国優位になっちゃいましたが。

佐々木　私は外交と防衛は門外漢ですが、あの当時の私の個人的感覚から言うと、あそこで武力衝突が起きても、自衛隊の戦力ならしばらくは持ちこたえられたでしょう。ただ、実際に戦闘になったら自衛隊員がたくさん戦死してしまう。そういうことに、平和的日本の世論が耐え得るか。それは思っていました。

中国は「あんな島は一ひねりで取れる」みたいなことを言いつつ、一ひねりで取れないとなったら国内が危なかったかも知れない。辺境をはじめとして、反乱の火の手が上がったかも知れないとも想像していました。お互いにそういう危険を抱えているから、何とかギリギリの線でとどまったのではないかと思います。
中国では土地はみんな国有なんで、国有になるっていうのは凄まじい意味があるみたいなことは後で何か聞きましたけど。
兼原　あれは中国の考えるような国有化ではありません。国有化は普通は強制的な国家による収用って意味ですよね。実際は私有地だった魚釣島を国が購入しただけです。マスコミが国有化だと書き立てたために、中国が国有化という言葉に過剰反応したのかもしれません。
髙見澤　あの時は、私は2012年の尖閣への香港活動家上陸事案も大きかったと思っています。今でいうインフルエンスオペレーションというか、中国があらゆるエージェントの活動を強化した。一斉にいろんな人が電話してきたりとかありました。だから、戦争前になったらいろんなことが起きるなと分かったし、それにどうやって対応するかも考えなければいけないと思いました。かなり心が寒くなったというか、「中国はこういうことをやってくるのか。すごい組織力だな」と感じました。
兼原　あの後、2012年秋からアメリカの同盟国のフィリピンと日本の海に、中国海警局（元国家海洋局）の船が来るようになったんです。中国の実力行使が始まった。フィリピンはスカボロー礁を取られちゃって、ハンブルグの国際海洋法裁判所に行って中国を訴えましたけど、中国は判決を「紙くず」と呼んで無視しました。日本は、実力で尖閣諸島を守るということで海保にお願いしました。当時は日本の海上保安庁の1000トン以上の巡視船が50隻で、中国海警が40隻だったんです。ところが、海警局の船が一気に130隻になって、海上保安庁が力押しで負けるのではないかという危惧が現実のものになりました。それで安倍総理から海保の緊急増勢の指示が出て、今は70隻ぐらいですかね。

中国は、一気に海警公船を尖閣に送りこみ始めました。海上保安庁は必死に船を尖閣周辺に回すのですが、さすがは中国、海上保安庁の巡視船の運用が逼迫してきたのを見ていました。そして、今度は小笠原へサンゴ密漁漁船が大量に進出してきた。小笠原の人はかんかんに怒って、海上保安庁に取り締まりを要請してきた。ところが、その海保も尖閣専従の態勢で能力的にパンパンなわけです。

ボロボロの船が福建省辺りからそんなにたくさん同時に来るのは明らかにおかしいし、ガソリン代を差し引いたらサンゴの密漁で得られる利益なんてわずか。つまり、経済合理性がない。あれは、海上保安庁がどのぐらい逼迫しているかを見るための国家主導のオペレーションだったのではないかと思います。

あともう一つ話をさせてください。閩晋漁《ミンシンリョウ》事件というのは、あれは民主党政権の時ですよね。海上保安庁の船に酔いどれ中国人船長が体当たりしてきた事件ですが。

佐々木　そうです。

兼原　あの時にはフジタの職員が数人捕まって、人質交換みたいな話になって、加えて日本が中国にほぼ依存していたレアアースの対日輸出が全部止まった。「要するに中国とは、こういうことを平気でやる国なんだな」ということが骨身にしみて分かった。最後は実力行使をするわけです。外務省は尖閣防衛の旗を振ってこなかったので、結構責任があると思うんですけど、やっぱり領土を狙う国があれば、その島をガチガチに要塞化するのは当然ですよね。

佐々木　尖閣を巡っては、何をどう動かすかのシミュレーションはあるでしょうが、例えば北朝鮮のミサイルが東京に飛んでくるような事態は想定外ということなんでしょうかね。

兼原　有事になれば、1発か2発はあるかもしれないですよ。通常弾頭のトマホークみたいなのが1発落ちると、大体このビル1個が吹っ飛ぶぐらいの威力です。でも、皇居とか永田町は狙わないでしょう。日本を脅かすのが目的なら、急所はすこし外してくるはずです。

日本の総理に「ヤルタ会談」ができるか

髙見澤　以前、自民党の安保調査会か何かの時に、北朝鮮のミサイルの命中精度を聞かれて、「自民党本部に落ちるように狙って防衛省に落ちるぐらいかもしれません」って答えたことがあります。今はもっとずっと精度は上がっていますが。

想定外の事態には、質的なものと量的なものというか、幅と深さがあると思います。例えば東海村の原子力施設で放射能漏れがあり、人が緊急搬送されて亡くなったことがありましたが、あれは深刻と言うより起こる場面が想定の幅を少し超えていた程度。今度のパンデミックにしたって、ずっと昔からいろんなことを言われていたわけですし、3・11の時もその前から「みちのくアラート」という演習をして、津波が来たらどうするかっていうのをやっていたわけです。だから、全く想定外の事態というわけではない。しかし、原発に対する津波の影響の深刻さも含め、本気になって準備するというところまではいっていなかった。

兼原　有事になればもちろん自衛隊の作戦行動が主なんですけども、外務省でも考えなければいけないのは、例えば突然アメリカ大統領から、「太平洋主要5か国で集まって、太平洋版のヤルタ会談を開いて、戦後の仕組みを決めよう」などと言われることがありうるということです。その時の話は、半分は外交の話ですが、もう半分は軍の運用の話になるわけですよね。そこで停戦条件や戦後の領土などを決めちゃうわけです。そんなことを考えたことがあるかなということですよね、日本のトップの人たちが。

まさにルーズベルトとかスターリンがヤルタでやったのと同じことをやるんだという意識があるか。日本は敗戦国ですから、ないものねだりかもしれませんが、それをやるのが本当のリーダーなんですよ。

曽我　アメリカの大統領選では、泣いたらリーダーとしての資質が疑問視されると言われますが、それは政治文化として元々危機対応がかなり大きい要素を占めていたからだと思います。でも日本で、自民党はともかくとして、例えば立憲民主党の代表選の時に、「この人が将来有事の際にどれぐらい能力があるか」という観点でどこまで報道されるか、国民が関心を持つかと言えば、心もとない。少なくとも自民党の総裁選で、そこが当たり前のこととして議論をされるようにならないとまずい。

兼原　そうなんですよ。だから最近、時々ラジオ番組などに出たりした時には、「安全保障に見識がない人は国政に携わってほしくない」と言っています。特に官邸の主は困ります。安全保障が政治指導者の一丁目一番地なんです。

高見澤　教育や研修というと国会議員に対して失礼かもしれませんが、危機対応を経験する場が必要だと思います。極限的な状況でどういう判断をするかという訓練は、一度も経験していないのが普通ですから、そういうのを共有できるような環境が作れないか。機微な情報にもアクセスして、センシティブなこともやった上で判断して、でもそれはその場限りにするというような形で。与党、野党を超えたところでの情報共有ができていないと政権移行もできません。

民主党政権ができた時には、それですごく困りました。当初は、「こういうことをやってますが、これは自民党の政治家もみんな了解していたものです」と言って、大臣に恐る恐るいろんなことを説明した記憶があります。政権交代した直後は、一体何があるのか怖いなという感じがありましたし、実際、よかれと思って一生懸命やってきた普天間の移設計画をめぐる意思疎通の深刻な齟齬もあった。普天間という一つの基地の問題でも非常に大きな影響がありましたから、現に動いている話とかオペレーションを止められたら本当に困ります。

兼原　国家として死んじゃいますよね。

髙見澤　一方で、民主党政権のヒットともいえるのが22ＤＤＨ、平成22年度に予算がついた護衛艦です。要するに、いずも型です。あの大型艦については、自民党政権時に策定された中期防衛力整備計画に基づいて概算要求がなされていたわけですが、民主党政権の最初の年に予算化を決断した。災害対応の多用途性も評価されました。英国のインビンシブルにそっくりで、将来固定翼機搭載の可能性があるかもしれないという指摘もあった中でも通してくれた。ある意味で合理的判断をしていただいたと私は思っています。

兼原　民主党政権と言えば、私たちの外務省では、核密約です。結局、あの密約はあるようなないような不思議なもので、１９６０年の安保改定時に、日本はアメリカに聞くと「(核は) 持ってる」と言うだろうから日本からは聞かない、アメリカが (核を) 持っていると言うと日本が核搭載艦船は入港させないと言うだろうからアメリカからも言わない。日本政府はアメリカが持っていると言ってこない以上、核は持ち込まれていないはずだと強弁し、野党やマスコミは「絶対にうそだ」とずっと言っていました。

民主党政権は核密約の解明を公約にしていたので、全部内情をばらしちゃいましたが、結局「どっちも聞かない」という暗黙の密約があっただけで、「持ってきていい」とは明示的には言っていないですね。民主党の岡田克也外務大臣が偉かったのは、自民党に「じゃあ将来どうするんだ」って突っ込まれた時に、「それはその時の内閣が考えます」と言いきったことです。これは勇気のある発言でした。

核持ち込みは所詮、安全保障上の技術的な話に過ぎません。佐藤さんが沖縄返還時に核持ち込みの密約をして、その実物が佐藤家から出てきて新聞紙上で大騒ぎになったことがありました。この間BSの日本テレビの報道番組に五百旗頭真《いおきべまこと》先生が出て話しておられたのですが、五百旗頭先生がキッシンジャーに直接、核の密約についてインタビューしたことがあるそうです。そしたら、キッシンジャーが「あんなもん、意味なんかないよ」って言ったというんですよね。「国家の命運がかかっているぎりぎりの状況で、こんな紙切れ一枚に何か意味があると思うのか」と言われたそうです。

私は、このキッシンジャー博士の感覚はとてもリアルで正しいと思います。国民の命が本当に危ない時には、そんな話は吹っ飛ぶんです。日本の安全に必要なら、アメリカの核兵器を堂々と持ち込めばいい。そのぐらいの腹を持って、本当は与野党間である程度合意した安全保障の基盤のようなものがないとおかしいと思いますけどね。

常設の統合司令部を

兼原　次に安全保障の一般的な話から、もう少し具体的に、台湾有事に際してどうするべきかという話に入っていきたいと思います。最初に髙見澤さん、お願いします。

髙見澤　そうですね。現実に台湾で有事が発生するということを想定するなら、私は常設の統合司令部が必要であると考えています。また、各軍種の戦闘部隊のトップ、つまり陸上総隊司令官、自衛艦隊司令官、航空総隊司令官と総理の戦闘イメージを合わせておかないと、本当の有事では戦えないんじゃないかという気がします。

北澤大臣は、東日本大震災の時には直接、陸自の現場部隊の指揮官だった君塚栄治さんと連絡を取っていろいろやっていましたけれども、やはりチームということでやっていく以上は総理、副総理、官房長官、防衛大臣が現場のトップの人間と呼吸を合わせないとオペレーションはうまくいかない。自衛隊全体を束ねる統合幕僚監部は、あくまでも中央で総理を補佐する役割なので、現場のほうを指揮する常設の統合司令部が必要ではないかと思います。

当時、それができない最大の理由は何かと言われたら、人がいないと。統幕長のスタッフと常設統合司令部のスタッフなんて、一朝一夕には揃えられない。それで涙を呑んだという話を、確か折木さん（良一・元統合幕僚長）は強く言われていた。

これだけ作戦が複雑になってきて、さっき言ったように総力安全保障的なことが必要だということになると、常設統合司令部に各省からのリエゾンも置いておくというような仕組みにならないと、実際にワークしないいんじゃないか。それがすぐには無理なら、行政面の統幕副長とも言える統幕総括官のところに各省からスタッフが来る形で凌ぐというやり方もありますが。

日本の司令部の要員の層は、アメリカなんかと比べると圧倒的に小さい。司令部のスタッフが非常に軽視されている。これは旧日本軍からそうかもしれませんけど、そこのところを真剣に考え直さなければいけない。

兼原　30大綱（平成30年12月に閣議決定された防衛計画の大綱）を作る時に、NSSでの谷内正太郎国家安全保障局長の勉強会に折木さんが入っておられて、ご本人から「統合司令官、統合司令部の創設はぜひやってくれ」って言われました。折木さんは3・11の時の統幕長でしたが、菅直人総理が福島第一原発にかかりきりになって折木さんを手放さず、市ケ谷に帰れなかった。つまり、自衛隊トップが空になっていたわけです。結局、東北方面総監だった君塚さんに陸自の組織を渡して、指揮権も渡した。海と空は海上幕僚長、航空幕僚長が見ていたと思いますが、幕僚長には本来、指揮権がないはずです。彼らは組織上は海空幕のトップですが、本来、軍政の担当ですから。折木さんはそのことが頭に残っていて、「ぜひやってくれ」と言われたんだと思います。

あの時は防衛省も納得した上で、30大綱に「検討します」と書いた。でも、やらなかったですね。いまだに実現していない。統合幕僚監部ができたのだって、ようやく2006年です。陸自には五方面総監を束ねる参謀総長がいなかったんですが、陸上総隊司令官という事実上の参謀総長を設けたのが2018年、たった4年前です。軍隊の組織改編はなかなか動かないものですね。

統合司令部を設けるって話になると、陸上総隊司令官、自衛艦隊司令官、航空総隊司令官の3人の司令官を取りまとめる統合司令官をつくるということになります。今、この時点で、自衛隊の部隊全体を指揮する指揮官がいないという形になっているのは驚くべきことです。警察出身の杉田官房副長官は、「警察じゃ、指揮官がいないなんてあり得ない。統合司令官創設は真面目にやれ」とおっしゃっていましたが、未だにできていない。

陸海空を束ねた大規模な統合作戦って、実はやったことがない。現状は統幕の中の運用部（J3）が統幕長の下で作戦指揮を担っていますが、「えっ、これしかいないの？これでどうやって戦争するの？」という規模感です。

高見澤　現状では、JTFしか想定してないですからね。

兼原　Joint Task Force（JTF　統合任務部隊）は、他国と小競り合いした時に陸海空で一緒に対処しようっていうレベルの話です。尖閣で何か小規模な軍事衝突事件が起きたら、海自の佐世保か陸自の熊本あたりで司令官が統合作戦の指揮を執る、くらいの話でしょう。日本全体に関わってくる台湾有事のような本番ではどうするのって聞くと、自衛隊は「その時は幹部候補生を市ケ谷（統幕）に集めます」とかいうわけです。要するに、限定小規模対処という頭が出来上がっちゃってるので、日本全体の有事って頭がないんですよね。それじゃ持たないぞって話を、我々もしているわけですが。

多分、一番抵抗感があるのが海自です。帝国海軍の時代から連合艦隊は独自の存在でしたが、今でも自衛艦隊の自律性にすごくこだわっています。日本軍全体を一人の指揮官が統合して動かすなんて、日清戦争以来やってない。

髙見澤　そうですね。日露戦争では連合艦隊が大活躍して、司令長官の東郷平八郎が英雄になりましたから。

（注：2022年12月に策定された国家防衛戦略において、「常設の統合司令部を創設する」という方針が明記された）

陸海空の総隊司令官が官邸に来なかった理由

兼原　以前、麻生副総理から「自衛隊の幹部と飯が食いたいからちょっと集めてくれ」って言われたことがありました。麻生さんとも話して、7人呼ぶことにしました。3人の陸海空幕長と3人の総隊司令官と統幕長です。

ところが呼んでも4人の幕長しか来ない。「他の3司令官は？」と聞いたら、「朝霞と横須賀と横田にいます。遠いですから、彼らは日頃、官邸の偉い人に会わないんですよ」などと言い訳をする。麻生副総理にはむしろいざという時に戦いの指揮を執る軍令系の司令官たちの顔を見せてあげたかったんですが、来ない。本当の理由を聞いたら「星が足りない」と。幕長は外国でいうと大将（四ッ星）ですが、現場の総隊司令官は中将（三ッ星）なんです。要するに、大将しか呼ばなかった。

でも、戦う時にはその中将が作戦を指揮するわけです。幕長は本来は軍政担当です。官邸には、やっぱりこの7人の顔をちゃんと覚えていてほしい。

高見澤　兼原さんの意図はよく分かりますが、自衛隊の常識で言うと、星の数の違う人を一堂に集めるというのは、なかなか通らない。だから、麻生さんが最初から3司令官と話すということを目的にして招集をかけたら、幕僚長たちは「何で俺たちは呼ばれないんだ」って言って入ってくる形になるので、7人集まっても何となく格好がつくんですが。

兼原　そういう知恵は事前に付けていただかないと。外交官にはそういう知恵はありませんから（笑）。

高見澤　同時に7人呼ぼうという発想をする人は、多分日本全体で兼原さんぐらいだったんじゃないですか。そういう発想は防衛省、自衛隊の中からは出てこないですから。

いずれにしても、総理・防衛大臣と防衛省・自衛隊の全幹部が集まる「自衛隊高級幹部会同」などはすごく大事で、そこである程度感じを見て貰えばいいと思います。実際に3・11の時に相当プレッシャーのかかった指揮官も結構いたわけで、そういう実戦の場面に立ち会う幹部を総理や防衛大臣などにちゃんと見て判断していただくというのは大事だと思います。3・11のレベルでかなりパニック状態になった部分が自衛隊の中にもあったわけですから、よりリスクの高い状況になった時に自衛隊としてしっかり機能するということを考えると、人の見極めは大事です。

自衛隊の演習に閣僚を参加させよ

兼原　そうですよね。加えて言えば、閣僚の演習も重要です。防災の方は、関東大震災の起きた9月1日前後に毎年、朝2時間かけて全閣僚出席の大演習をやっていますが、自衛隊の大演習には閣僚が来ない。各省の幹部も来ない。あれに1回出ておくと、何が起きるかだいたい分かります。

自衛隊の演習で出てくる統裁官決裁事項というのは大体総理の判断事項なんですよね。戦局に応じて数個、全部で10個ぐらいの判断項目しかない。逆にそれ以外は、総理は口を出しちゃいけないんです。どこまでが自分の判断すべき戦略事項なのか、どこから先が軍が責任を持つ戦術事項なのか、それをごく普通にどこの国の指導者でも勉強していると思います。これを全くやっていない日本政府って何なんだと思うんですよね。政軍関係とか、シビリアンコントロールとか、まじめに考えていないと思います。閣僚には自衛隊の演習に参加してほしいし、総理官邸で有事の全閣僚大演習もやるべきです。そうすると、総務省とか経産省とか、直接戦闘に関わらない役所でも、有事になると自分たちが何をするべきかが分かるはずなんです。

髙見澤　総理に本当にお願いするとして、まず大演習に入る前に内閣官房ベースのセミナーゲームみたいなことを閣僚を呼んでやるっていうのが現実的かもしれない。ある程度制度を理解し、閣僚がどういう動きをしなきゃいけないのか分かるような。

兼原　やらないといけないと思います。

ＮＳＳができたので、まね事みたいなことをやったことはありますが、やってみて痛感したのは、本当に決断する立場の人を入れないと意味がない、ということです。危機管理では、小役人が集まって議論しても無駄です。初めに課長クラスを集めて有事の議論をさせると、「これは重要影響事態か、武力攻撃事態か」なんていう法律の議論を延々とやっている。自衛隊の幕長レベルが入ると、「バカ、いきなり防衛出動に決まってるだろ！　みんな殺されるぞ」と言って、リアルな判断から議論が始まるわけです。

安倍総理になってから、自衛隊にお願いして、日米共同統合演習のキーンエッジとか、日米共同方面隊指揮所演習のヤマサクラ（YS）を総理に説明してもらうようにしました。ヤマサクラは陸上自衛隊と米陸軍の演習ですが、初めて安倍総理のところに上げた時、安倍さんは「えっ」と驚いた。軍事演習なんて見たことがなかったから。

髙見澤　そうですね。

兼原　山崎幸二陸幕長（現統幕長）が説明されたのですが、安倍総理の顔が真剣になってきて、何でこんな大事なものが今頃自分に上がってくるんだって話になるわけです。「こういうもの（有事における総理の判断事項集）は、ちゃんと本物を作って歴代総理に引き継げよ」と言われました。実はその後、できていないんですけどね。本当に、全然、本番の有事対応ができていない。

髙見澤　そういうことを言うと、私にも責任があるかもしれません。陸上自衛隊ではヤマサクラを昭和50年代後半から実施しています。私は昭和58年に北海道で実施されたYS11に担当部員として参加しました。それまでは日本側の参加者は自衛隊だけで、私のような内局の部員がフルに参加して議論もしたというのは多分あんまりなかったと思います。「こういうケースはどうなるんですか」という自衛隊法上の法的権限に関する質問が出たと思いますが、「法律解釈として当然できます」という説明をしました。法律屋にとってはまぎれもなくできるような、一見明白とも言えるような点について、自衛隊の演習担当から解釈に関する質問が出たので、意外な感じがしました。考えてみれば、現場では自衛隊法の条文について必要以上に厳格で極めて保守的な解釈が行われているということかと思います。

イラクの特措法でも、現地に派遣した隊員についての行動要領を内閣法制局で徹底して詰めました。これだったら問題なく部隊を送り出せるなっていうぐらいできたと思っていました。しかし、自衛隊に聞いてみると、これをどう隊員に教えるのかが難しい、隊員は非常に厳格に考えるので、という話でした。当時の幹部は、「とにかく自分が本当に危ないと思ったら撃て。撃った以上、状況を聞かれたら『自分が危ないと思った』と素直に言え」と指導していたということでした。法律で縛ると隊員もそっちの方が先に来て、オペレーションをどうするか、自分の命をどうするかという頭が後回しになってしまう。

兼原　それは間違いですよね。自衛隊員の命より些末な法律理論が大切なんて。法律過剰論です。

髙見澤　その辺の、余りにも抑制的なところっていうのは、現場に下りて行けば行くほど厳格になってしまう。防衛省の内局は頭が固いってよく言われるんだけど、実際に法律を解釈する時は、「それは全然問題ありませんよ」って言ったりするので、言われた方が逆にキョトンとしていることはけっこうあります。だから、そこはやっぱり訓練を繰り返していかないといけないと思います。

「国民が死ぬかも知れない」というリアリティ

兼原　杉田さんから時々言われたのは、「お前たち、総理に上げる時には、これがどのぐらい重い決断なのか分かってもらって説明するんだぞ」ということです。河野克俊統幕長がキーンエッジを初めて総理に上げて説明した時に、安倍総理はいきなり「それで自衛隊には何人ぐらい犠牲者が出るんだ」って聞いたんです。河野統幕長が数千人ですと答えると、総理が顔色を変えて「えっ！」とびっくりされた。「それはこういう戦闘でこういう戦い方になるから、このぐらい死ぬんです」という話になるわけですが、聞いている最高指揮官の総理の顔がひきつる。安倍総理は心根の優しい人でした。自衛官や家族の痛みが想像できるんです。

実のところ、普通の政治家は有事で自衛隊員が死ぬなんて思っていない。太平の世が長く続いたので、想像力が働かないんです。でも、本当に戦争になれば自衛隊員は千、万の単位で死ぬし、国民だってそのぐらい死にます。だから、敵に戦争をやらせないための防衛力が必要なんです。それが抑止力です。

高見澤　中曽根政権の時、日米共同作戦計画の研究についての概要報告を私の上司がやったのですが、中曽根総理はすごい人だなと思いました。概要をご説明した後、資料は当然全部回収なので、総理に渡した資料も課長だか次官だかに頼んで回収して貰いました。私はこの作戦計画で統幕担当をやっていたので、中曽根総理が書いたメモ、線を引いたところの分かる説明資料が戻ってきたのを見ました。その書き込みや線の引き方がいちいち正確で、「総理は本当に分かっていらっしゃるんだな」とすごく感動した覚えがあります。そういう人にこそ総理になってもらわないと。

曽我　それはすごく本質的な話ですね。

髙見澤　防衛大臣や外務大臣をやった政治家の中にも、「俺はそういう話は怖いから聞かない」なんて言う人がいますからね。

兼原　自民党の中でも、自分が泥をかぶってでも日本の安全保障に責任を持とうっていう政治家は案外少ないんですよね。冷戦中の保革激突の文脈では、安全保障はしょっちゅう政局ネタになった。「安保なんて面倒な話を持ってくるな」って人が結構たくさんいました。

髙見澤　台湾有事ではまさにそこが問われているかもしれない。日本に対して武力攻撃事態が起きるという前提の中で、それをどれだけ政治レベルで共有できるのか。霞が関の全省庁はもちろん、本当は指定公共機関も含めた形でいろんな議論をしなきゃいけないと思います。

第四章　予算編成、財政、通商問題

兼原　では、次に予算の問題に行きます。役所の仕事は予算編成カレンダーに従って動いています。予算の取り方が分からないと、官邸の仕事はできません。予算は自民党の族議員と結びついて各省の既得権益と化している部分が多いのですが、総理や官房長官が必要と判断した施策には、そうした既得権益をどうにか引きはがして財源を取ってこなければなりません。官邸の指示は風呂敷の大きなものが多く、複数省庁にまたがる案件も多い。また災害のような突発事項があれば、予備費など緊急に予算の手当ても必要になります。こうしたノウハウも必要です。

これは財務省出身の佐々木さんがご専門ですから、まず佐々木さんからお願いします。

予算編成は総合調整

佐々木　確かに平時の政府運営の要《かなめ》は予算編成です。これまでそんなに深刻な危機がない時代は、ざっくり言えば予算編成を巡って国政は回っていました。予算は1年単位、しかも来年度予算も12月末に編成しているような状態でしたから、変化が激しい時には手当てが間に合わないということは当たり前に生じる。そこで補正予算とか予備費だとか、いろいろ使用するわけですが、そういう平時の予算編成が一つの政治サイクルを形成していました。

また、予算は閣議決定が必要なので、その前には各省にもちゃんと了解を取っておかなければなりません。予算編成とは合意を形成していく過程であり、総合調整なんです。

今、予算における最大の問題は、歳出と歳入の差が大きく開いていることです。財務省は「ワニの口」と言っていますが、このワニの口が開いたままで塞がらないのは、どう考えてもサステナブルじゃない。国と地方の債務が合わせてGDPの200%を優に超えている国は日本の他は、ベネズエラやギリシアなどしかありません。終戦直後のパーセンテージより高い。だから、歳出を締めていくことと歳入を増やしていくことの両方が必要なんですが、歳入を増やすのは端的には増税ですけれど、これには国民の合意が必要です。消費税を導入した時、竹下内閣は倒れたし、後に増税を実現した政権も命がけの判断でした。
新規事業については、シーリングのやり方のほかにあんまり良い知恵はないんですよね。義務的に出ていく経費を除いて前年度90%とかにカットして、できた隙間部分を新規の枠の財源にする。その枠に入るものが何かというのは、予算全体の方向性を示す官邸の「骨太の方針」なんかで決まっていくわけです。
いま、防衛関係費を2倍にしてNATO並のGDP比2%にしろとか言われていますが、じゃあ予算はどうするのか。なにしろ桁が違いますからね。現状でも5兆何千億か。

高見澤　当初予算ベースで5兆1800億、SACO（沖縄に関する特別行動委員会）関係経費を入れて5兆4000億。今回の歳出予算パッケージで見ると、6兆1700億ですかね。

佐々木　防衛費を増額していく必要性の理解は進んでいると思いますが、それだけ歳出を増やしたらほかをガバッと削らなきゃいけない。でも、ガバッと削る対象の候補は意外と限られている。予算を一番使う社会保障予算は、かなりの部分が義務的経費なんです。だから、ここを削るとなったら法律を改正して給付を抑えなければなりませんし、それは結局、増税と同じ議論になる。だからドラスティックにはなかなか変えられません。時々、MMT（Modern Monetary Theory。独自通貨を持つ国は、債務返済のための通貨発行に制約がないので、いくら借金しても財政破綻は生じない、とする理論）みたいな都合のよい議論が出てきますが、他の国じゃあんまり聞かない。基本的に先進国は均衡予算ですから。

また歳入の方を増やそうとすると、今度は「増税は経済に悪い」という議論になるわけですよね。そうすると、経済にそれほど大きなインパクトを与えず、かつ国の財政をサステナブルにするためのナローパス（狭い道）を行かなければならない。一番大きい歳出項目は社会保障ですが、他に大きいのは文教、地方財政、地方交付税です。どれを削って新たなニーズに応えていくのか。

予算編成過程自体は、兼原さんも髙見澤さんもご経験があると思いますが、要求の前から主計局との話は始まっています。要求を決めるところから最後の落としどころまでいろいろやり取りをして、「まあ、しょうがないか」ってみんなに納得してもらう。まさに総合調整ですよね。

閣議決定できないと予算って決まらないわけですが、昔は大臣レベルで反対があって、なかなか予算が閣議決定できないみたいなこともあったらしいです。

兼原　それはすごい大臣がいたものですね。官僚が後ろにいたんでしょうが。

佐々木　今は最初から総理の判断を仰いで、こういうフレームワークで進めていくと合意してからやってますので、そんなことにはなりませんが。新規の事業のための予算措置が必要になったら、シーリングのない補正予算みたいなもので穴を埋めるわけですが、これも同じく借金になる。基本構造は変わらない。

今までは補正予算が一番フレキシブルだったと思います。実は尖閣の時の海保の予算（後述）、あれも補正でやろうとしていたのですが、結局、12月も近づいてきて、民主党から自民党に政権が移ったじゃないですか。なので、その後の自民党政権下の24年度補正予算と25年度当初予算で措置した。

兼原　そうだったんですね。

佐々木　そんなに大きな額じゃないですけど。だから、最初に浮かぶのは、補正で手当てしよう、という考えなんです。

日本の国会議員には「財政均衡派」がいない

兼原　日本の国会って特殊で、財政均衡派の議員がいない。世界史的な成り立ちから言えば、議会は王権に対して無駄遣いを戒めるのが仕事でしたが、日本は徳川幕府が早く倒れてしまったので、新政府に議会を開いてもらった。その歴史のせいでしょうか。本来、先進国の国会では税金の使い方に目を光らせている人たちが議員になるのだから、「無駄遣いするな」と言う人たちがいます。アメリカの共和党なんて、そもそもそういう発想の党でしょう。でも、日本の自民党は事実上国家社会主義で、ばらまき専門なわけです。公明党、旧社会党、共産党ももちろんばらまき専門。全員がばらまき専門で、選挙前になると「ばらまき力」の宣伝合戦になってしまう。財政の均衡に歯止めをかけようという国会議員が誰もいない。

私の同郷の矢野康治前財務次官が、現役のうちに『文藝春秋』に政治家のばらまきを戒める論文を書きました。よく書いたと思います。「この野放図な税金の使い方は何だ」って言ったわけですよね。消費税10％でこんな立派な福祉国家って世界にないと思います。ヨーロッパでも消費税は20％台ですからね。

佐々木　財務省の説明資料では、日本の社会保障給付のＧＤＰ比は先進国（ＯＥＣＤ32か国）で11番目。ところが税負担は下から4番目なんです。文教なんかは下から2番目。だから、社会保障が中福祉低負担、そのほかは低支出低負担になっているんです。社会保障費は高齢化で伸び続けており、厚労省も苦労していますが、自然に増加していく勢いには抗えない。結局、こういうことの繰り返しで、いざという時に使うものがなくなっちゃうわけです。

兼原　安全保障と一緒で、国民にウケない議論はしないという腰のない国会になっちゃってるから、そのツケが財政にも来ているわけです。増税は安保と一緒で、強い総理しかやらないですからね。

曽我　安倍内閣は消費税を5％から8％に、8％から10％にと2回上げましたが、消費税を上げて選挙で負けなかったのは安倍氏ぐらいではないでしょうか。竹下首相が消費税を導入した後の自民党は負けたし、社会党首班の村山富市《とみいち》自社さ政権が決定した消費増税を引き継いで実施した橋本龍太郎政権も負けました。逆に言うと、消費税を2回上げるだけでかなりの政治リソースを使ってしまいました。

政権に返り咲く前に、安倍、麻生両氏がよく言っていたのは、予算は単年度主義なんだけど政局も単年度主義になっている、と。1年の間に答えを出そうと焦るとどうしても世論に迎合的になってしまうし、視野が狭まってしまう。やはり政権にも「長期経営戦略」みたいな感覚が必要だ、という考えでした。賛否が半ばする懸案を処理すれば内閣支持率の急落は避けられないが、それなら株価や雇用指数、支持率が堅調になる時を待ち、選挙で政権基盤を固め直す。そういう感覚ですね。そもそも、安倍氏が返り咲く前は、自民党で1度目の安倍氏と麻生氏を含む3人、民主党も同数の3人で計6人の首相がほぼ1年交代で代わる混乱期でした。参院選で信認を得られず衆参が捻れて政権運営に行き詰まるパターンも同じでした。

だから、2回目の消費税増税を安倍氏が一度見送った時、二人に緊張関係が走ったのですが、やはり安倍氏には「自分の政権の間に必ず答えは出す」という意識があったと思います。長期の政権戦略を持てたからこそ、安倍氏は未来の自分の行動を自分で縛ったのではないでしょうか。

いま、防衛費の増額に関しては5年という枠をかけようという話になっていますが、5年後に岸田さんが総理なのかどうか考えると、縛りとしては弱い気がします。

兼原　5年でも遅い。防衛費には相手があります。中国の急激な軍拡は、日本の財政事情などお構いなしです。GDP2%で10兆円の防衛費をとりあえず目指すわけですが、財源の問題があるので来年すぐに10兆円は出てこない。コロナ対策みたいに数十兆円の大半を国債で刷れば別ですけど。安倍総理は、8年の任期で防衛費削減のトレンドを反転させて補正予算をかませて1兆円の増額を行いました。しかしこれからは年間1兆円の増額を5年間やる必要がある。

佐々木　防衛関係費の増額は今、その必要性を国民は痛感しているというか、少なくとも理解していると思います。問題は財源ですよね。消費税は本当にみんな上げるのを嫌がって、消費税を減税しますとか言う議員もいますが、ヨーロッパの国は20％台です。それで改正のたびに1％とか0・5％ずつぐらい上がったり下がったりしていますが、それはいちいち国民的大論争にはならない。以前に野田毅《たけし》さんが、毎年消費税を1％ずつ上げていくという案を披露して、私は個人的にいいと思ったんですけど、経済界の大反対を浴びた。

海保の予算増を実現させた官邸官僚の一言

兼原　私がいま教えている大学の学生たちの関心事は二つしかないです。中国と財政です。この二つは自分たちの問題だと思っている。「誰がこの巨額の国の借金を返すんですか?」って聞かれますから、「君たちだよ」って言うと、真剣な顔になります。若い人たちには、私たちシニア世代が後の世代に負担を押し付けて、自分だけいい思いをして逃げ切ろうとしているという気持ちがある。彼らは消費税増税に賛成するようになると思います。自分たちに負担を押し付けてシニアが年金をもらっているんだったら、シニア世代も消費税をもっと払えということでしょう。

話は変わりますが、佐々木さんが先ほどおっしゃったように、尖閣事案対処のために海上保安庁の予算の増額をやってもらいました。この時は佐々木さんの後任に入られた古谷一之さん（元財務官僚、現公正取引委員会委員長）が手がけたのですが、古谷さんは古巣の主計局の次長とか海上保安庁の幹部を呼んで「とりあえず予算の限界は考えるな。本当に要るものを全部持ってこい」って言われたんです。あの一言は衝撃でした。それで海上保安庁もすごく元気になって、本格的な海上保安庁の増勢が始まりました。安倍政権発足時の日本側巡視船数は50隻でしたが、今は70隻で未だに増勢中です。中国は同時期に40隻から130隻にしたのでまだ追いつきませんが。

海上保安庁の予算は小さい。所詮、千何百億円だったんですが、そこで佐々木さんのおっしゃったシーリングに縛られて予算要求をやっていると、本当に要るものが何かって議論が途中で消えちゃうんですよね。本当に必要な予算要求が他の力の強い部局に押しつぶされる。そこが役人の限界です。本当に国として大事な話は、誰かが上からギャンと言わないとダメなんですよね。

予算は財源がいる。財源はどこかから他の予算を剝がして持ってくる。私、横で見ていましたが、剝がす時にはすごい血が流れます。剝がされる側の省庁や業界や関係議員は、血相を変えて騒ぐわけです。大きな案件に関して、財務省はよく、「いや、これは総理がやると言われたことで」と言いますが、強い総理が本気になると、この財源が剝ぎ取れるんです。弱い総理には剝がせない。予算は最高権力者の意志と政治力が試されます。

総理がどのぐらい強く言うかも大事で、ちょこちょこ言ってもダメなんです。総理が政権の命運を賭けて本気で言っている、もし逆らったら総理が怒る、権力闘争モードになるということを、閣僚会議とか有識者会議で世間に見せつけて、霞が関（官界）や永田町（政界）の関係者皆が分からないとダメなんです。そうすると、「今年の予算ではこっちに少し財源を寄せるからね」ということを財務省主計局ができるようになる。これは、すごい力技なんです。

佐々木　さっきの古谷君の話は、天下の主計局も総理の力を借りないとできないですよね。当初予算でそうやったんですか。

兼原　当初予算です。

佐々木　ということは、海上保安庁の予算ベースはそれだけ拡大したってことですね。当初予算でそれをやるってことは、結構ほかを削ったはずです。

兼原　船は補正予算で買えるんです。単発ですから。ところが、燃料費と人件費はずっと必要です。その部分は、どうしても当初の正規予算に盛り込まないといけない。海上保安庁もかわいそうで、国交省は５兆円の予算枠を持ってるんですが、４兆５０００億は旧建設省なわけですよ。これはビタ一文譲らない。海上保安庁を所管している旧運輸省は５０００億しかないんです。５０００億の中の１３００億円が海保。海保は外局ですから、予算はなかなか増えない。船を10隻増やすなんて言ったら、国交省の官房が「ギョエ！」ってなっちゃう。国交省の官房は、財務省から「国交省のシーリングの中で飲み込め」といわれることを恐れるわけです。そうなると国交省はむしろ海上保安庁の予算要求を抑えようとする。それで、古谷さんが「とにかく金の話は考えずに、何隻要るか持ってこい」と言われたのだと思います。

佐々木　それ、いつの頃ですか。

兼原　２０１５年の平和安全法制が終わった後です。２０１７年度予算を検討し始めた

2016年の春ぐらいでしょうか。平和安全法制が終わって少し暇になったんで「それじゃあやるか」とか言って、やったんですけど。それをまねしてやったのが防衛費の「30大綱（平成30年12月閣議決定の防衛大綱）」なんです。30大綱の時にはさすがに古谷さんが、「海保の1300億は全部面倒見れたけど、防衛費は5兆円で自分一人の手に余る。手伝ってあげるからこれはNSCの君がやれよ」って言われて、NSCが防衛予算編成過程に全力介入することになりました。実は、古谷さんが横にいてくれたからこそできたんですけど。

その頃、たまたまイスラエルのNSCの局長が来たんで一緒に晩飯を食べたら、「お前のところ、どうやって防衛予算編成をやっているのか」って聞かれました。それで「5年の中期防衛計画があって、その前提として10年から15年の防衛計画大綱があって、下から積み上げていくんだよ」と説明したら、「お前、それでは国防予算が陸海空軍の玩具になる。国軍のプライオリティは総理が決めないと決まらないよ」って言われました。この人は、アイアンドームという優れたミサイル防衛システムをゼロから構築したことで著名な人です。「お前のところの自衛隊、大丈夫か」という顔をしていました。

それで、「これはいかん」と思って防衛省から出向してきてくれているNSC幹部に相談をしたら、X年の4月から始まる防衛大綱は前の年の12月に閣議で決まる。ところが、その年の6月には、防衛省がX年度の予算要求内容を決めて財務省に提出しているというんです。だから、本当はX年の2年前から防衛大綱や中期防は議論しないと間に合わない。それで30大綱では、2年前から閣僚間で議論を始めて、濃密に何度もNSCで直接議論してもらいました。この時は、麻生副総理は財務大臣として出席され、主計局の次長も参加しました。

やっぱり安倍総理とか麻生副総理は、安全保障に一家言ある閣僚ですから、色々と注文を付けられるわけです。ある日、自衛隊の最高幹部が集まっている場で、安倍総理から「勝てるんですか」と聞かれた時は激震が走りました。自衛隊は、「限定小規模対処」という変な政治的なタガをはめられ、米軍が助けに来なければ必ず負けるように作られた軍隊です。国会では野党が、自衛隊が弱体化することが良いことだと言わんばかりの議論ばかりしてきていたわけです。だから自衛隊幹部は面食らっていました。この辺から「勝ち目」はどこだというリアリティのある議論が始まったんです。最近、米軍がよく言う「セオリー・オブ・ビクトリー」です。

麻生財務大臣も、節約励行、無駄削減のご指示は厳しかったですが、「金がねぇから負けたとは言わせねぇぜ」「おもちゃの軍隊じゃねぇんだからな。弾はあるのか」などと軍人の肺腑を抉るような指摘をどんどんしていました。

30大綱の予算プロセスの最大の成果の一つは、財務省幹部が初めからNSCの議論に参加してくれたことです。財務官僚には日本官界最高峰という自負があります。彼らが、国家安全保障は自分たちの問題でもあると考え始めた。それまでは主計局の主査レベルで、この兵器が要るとか要らないとか、およそ国家安全保障の本質とはかけ離れた議論をしていた。主計局が本気になるとすごい力が出てきます。NSC主導で総理、財務大臣、防衛大臣、財務官僚、防衛官僚、自衛隊と広い意味のコンセンサスができて、最後の瞬間にまた主計局の知恵が出てきて、ふわふわふわふわと予算がまとまっていく。NSCで2年かけて閣僚間の議論をやらないと、こういう大きな話にはならない。途中で骨太の方針を閣議決定し、自民党の国防部会でもいろいろな議論を出してもらって、国民世論の醸成にも勢いをつける。私は、さすがに5兆円の防衛予算の策定は相当な力技だなと思いました。

問題は、当の自衛隊が防衛費増額に半信半疑だったことです。「これだけNSCで閣僚間の議論をしたから、お金は最後には付くよ」と言っても、これまで防衛費減額の歴史が続いていましたから、全然信じないんですよね。だから予算案を積み上げてこないんです。どうせ最後はシーリングに押しつぶされて無駄な作業になると思っている。そうならないように国家最高レベルで防衛大綱、中期防を議論してもらっているのに、巨大軍事組織の自衛隊には、その本気度がなかなか伝わらないという問題がありました。今年の防衛大綱（国家防衛戦略）、中期防（防衛力整備計画）等の策定にあたっては、防衛予算増額の国民的支持もありますし、前回1回やっているので、前よりはスムーズにいくと思いますけど。

円安で実質的に「使いで」が減っている防衛費

高見澤　日本の予算制度は、積み上げ方式が基本になっていて、とにかく精緻な内訳がないといけない。根拠をはっきりさせなければならないということで、結局、4年前の予算を作っているような感じになっています。防衛予算でみれば、まず現場からの上申や幕僚監部における検討を経て、場合によっては報告書も出しますが、それで1年かかります。次の年度にそうした議論を経て何とか部内の業務計画案に載ってくる。それで防衛省内の審議になり、そこを通ってはじめて概算要求ができる。財務省との折衝を経て、本予算として認められないとまた逆戻りです。予算が認められても、その年は仕様書の細部を作り、年度末になってやっと契約するという形が多い。つまり構想から事実上4年目になってやっと契約に基づいて事業が走り出すということで、実態としては最短のプログラムでも3〜4年前の前提で動いている。しかし、その時には状況が大きく変わってしまっていることが少なくない。執行に対する柔軟性が不可欠ですが、それがあまり認められていないので、古くなった権威ある仕様書に基づいた予算を消化していかざるを得ない。古くて高くてすぐに使えなくなるようなパターンが染みついてしまっている。

私の経験で言えば、ミサイル防衛のための誘導弾として、SM－3ブロック2Aを日米共同開発したわけですが、その方式はスパイラル・デベロップメントというもので、脅威の変化や技術の進歩に応じて要求水準を見直し、毎年、計画の節目でどんどん中身を向上させていくものでした。実際に日本側がシーカー、センサーの一つですが、その目標スペックを満たす部品を開発したにもかかわらず、アメリカ側はさらにお金をつぎ込んで、よりハイスペックなものを作り上げた。この背景には大事な部分を日本側にとられたくないということもあったかもしれませんが、この結果当初の目標より高いものが現実にできた。また、同じ要求性能のものであっても、予定より早くできそうならすぐ前倒しして、他のプログラムへの効果や影響を評価して、柔軟に計画を見直していくわけです。これがアメリカの予算のプログラムの基本方式というわけですが、我々の方は、そういった形にはなっていない。一度役所がオーソライズした仕様書は、その通りやれば文句は言われないが、良かれと思って提案しても役所に受け入れられないし、かえってリスクが増えるというのが企業の感覚でしょう。もっといいものが早く安くできるとしても、企業の利益が減るだけでそれに対する報酬がないので、インセンティブになりません。こうした状況を変えない限りは、なかなか日本の防衛力は強化されないのではないかと思います。

厳密な積み上げ方式から脱却して、柔軟な事業管理の仕組みを採用することが財政法の基本的な考え方に反するのかどうか。多分、教育や福祉関係など他の予算についてもそういうところがあると思いますが、硬直的な仕組みをどうやったら変えられるのかというのが非常に大きなテーマではないか。兼原さんがおっしゃっていたとおり、もともと自衛隊の予算の半分近くは人件費というところがありますが、最近の当初防衛予算を見ると、この10年間は連続して増加しているものの、実は25年前に大体5兆円近くになっていたわけですが、それから15年間はマイナスまたは横ばいで推移していたわけです。その時から仮に年間1％しか増えていなかったとしても、継続は力なりで、現在の予算規模は6兆円を優に超えていることになる。実態は予算が足りないので、現場では部品が補充できず古い装備品から流用して、いわゆる共食いをすることで何とか維持している。メインテナンスのレベルが下がり、故障も頻繁に起こって、即応性が低下している。現場は頑張っていますが、その内実は多くの人が思っている以上に深刻です。増やすためではなく、むしろ現にある能力をきちんと発揮するためにも相当のお金を配分しなければならないというのが実態です。

さらに最近の状況で問題なのは、防衛産業が直接関与できない事業、米国からのＦＭＳ（有償援助）による完成品輸入を含めて、外国からの装備品や部品の購入額が非常に増えていることです。これは為替対象額の推移をみれば分かるのですが、最近はＦＭＳだけで毎年４０００億円程度を占めています。その上、最近の円安傾向を考えるとその負担は非常に大きくなる。１機２億ドルの戦闘機が１６０億円（１ドル＝80円）で買えるか、２８０億円（１ドル＝１４０円）かかるかというのは大きな差です。防衛費が６兆円とか7兆円になっても、人件費や維持費で6割が消え、燃料の高騰や円安の影響もあると、実質的には強化に向けられる経費は非常に限られてくる。

もっともこの逆のケースもあります。１９８５年9月18日、中曽根内閣の時にできた中期防衛力整備計画（１９８６～90年）は、５年間の総額が18兆４０００億円ということでしたが、その直後の9月22日にプラザ合意があり、その後2～3年で1ドル２３０円台から１２０円台まで一挙に円高が進みました。したがって経費の積み上げの基礎とした為替レートよりもはるかに実力のある使い方ができたということもあります。

ＮＡＴＯ定義でＧＤＰ２％という話もありますが、まず旧軍の軍人恩給や海上保安庁の経費が加算されれば、それだけでＧＤＰ比は１・２％になります。仮定の話ですが、即応性の回復や維持費のマイナスを戻す部分で数千億円、物価の高騰や円安の補填で数千億円かかるということになると、ＧＤＰ比は例えば１・５％近くになったけれど、実態はほとんど変わらないということになりかねません。また、防衛力そのものではありませんが、それを支えるインフラの強化、サイバーセキュリティの強化、基地の抗堪化のためのシェルターの整備や分散化、被害復旧能力の強化などにお金をかけることも必要です。その上、未来に向けての投資である研究開発の充実や戦闘機、艦艇、ミサイル、ドローンなどの最新鋭装備の調達に必要な経費を割くためには防衛費の相当の伸びが必要です。

国家戦略的な観点から財政問題を語れ

高見澤　日本の研究開発について言えばＦＳＸ（次期支援戦闘機）が有名ですが、どうも印象がよくない。一つはもともと巨額を要するのにそれが肥大化したこと。ＦＳＸは当初１６５０億円という前提で走り出しましたが、実際の事業経費は３０００億円まで膨れ上がったと言われています。二点目は、当初国産ということで議論していたのに、Ｆ－16という設計思想の古い、シングルエンジンの米国製戦闘機を母体とした改造開発という形になり発展性の乏しいものとなったこと。米国で採用されているシステムやソフトウェアが日本には供与されないために、様々な不都合と開発経費の追加を余儀なくされました。三点目は戦闘機の複合材の開発は進みましたが、米国にその技術を供与する一方、日本には米国のハイテクはリリースされないなどの問題があった。そのため、このプロジェクトについては、総じて負の遺産という感覚が強く、その結果、研究開発全般に対するある種の否定的な感覚を持っている人たちが実は多いのではないかと思います。そういう感覚をどうやって変えていくのかというところが課題として残っている。

しかし、一番大きな問題は枠入れ予算というやり方にあるのではないかと思います。総額を抑えてくれれば、その枠内の配分はある程度任せるというやり方です。この方式は、以前からある事業で、積み上げが簡単にでき、それがなくなると困る人が多くいる事業は声が大きくなり、改革を阻害する要因になりがちです。また、短期間にブレイクダウンして事業を埋めていこうとすると、多くの人の協力が必要ですから、それぞれの職種に応じて事業をリストアップし、お金がなければ均等に減らし、お金があっても特定の事業に集中するわけではなく、最後はシェアを意識して、バランスを考慮するという無難な形になりやすい。これを解消するには、予算の見える化と検証が必須だと思います。

このようなアプローチは事業の有効性の評価だけではなく、グローバル・サプライチェーンによる補給や緊急増産に対する影響度の把握と多様化、脱炭素化の推進、メインテナンスの最適化、隊員の健康管理、安全保障協力の効果を図る上でも不可欠のものとなりつつあります。即応性を含めた自衛隊の体力というか現状についてＡＩを活用した共通的なシステムで把握し、自衛隊の強靱性を高めることが必要でしょう。これは予算の効率的で効果的な使用を担保する上でも重要ではないかと思います。

もう一つ大事なのは、事業を途中でキャンセルできるような決断をしやすくすることです。プロジェクトが一度走り出してしまうとそれが調達であれ開発であれ、途中で見直すことは難しい。当初の判断に問題があったという場合もあれば、国際情勢の変化や価格の高騰で状況が変わってしまったという場合もある。私が経験した事例で言いますと、アパッチという大型の対戦車ヘリコプターの調達の過程で、価格がものすごく高騰してしまった。このまま調達を続けることは難しいが、企業は一定数の調達を前提として投資しているので、調達を中止した場合、裁判になる可能性があるという話が出ました。議論は割れましたが、これだけの状況の変化をそのまま受けいれることはできないということで、新型ヘリの調達の可能性を探りながら、腹をくくって調達をキャンセルする、裁判に訴えられたらそこで議論を尽くし、最終的には裁判所の判断に従うという方針が出されました。裁判所は最終的には補償が必要という判決を出したわけですし、調達中止が正しい決定だったかという議論は残りますが、私は思い切って調達の惰性を断ち切る、状況が激変した時はキャンセルも辞さないという姿勢で臨んだことは一つの前例になったのではないかと思います。

防衛関係費をGDP2%とするという計画を立てるにしても、大事なのは事業の中身です。いつの時点でGDP2%にするのかということもありますし、GDPの見通しをそもそもどういう前提で置くのかという問題もあるので、今後5年とか10年でこれだけの経費を使っていいという総額を決める必要があります。その場合、近い将来にも有事があり得ると考えて情報、サイバー空間における能力、継戦能力など実戦重視型の予算を組むのか、それに加えて最先端のハイテク装備の導入や開発に力を入れたり、戦闘機、艦艇、ミサイルなど現在保有している主要装備の数を増やしたりするのかという問題があるわけです。ミサイルを大量に調達すればもう少し単価が下がるといったこともあるでしょう。重要なのはいくつか組み合わせ、選択肢を提示して、国民に分かるような形で明らかにすることです。

予算の計上については、最近は防衛関係費についても補正予算で積むケースが増えてきていますし、コロナの場合は予備費の活用もされています。しかし、補正予算や予備費は機動的な対応ができる反面、何でも詰め込める傾向と、全体の整合性が取れなくなる傾向がある。その結果、非常に高いまま調達したり、逆に大量の執行残が生じてしまったりすることもあります。防衛関係費の場合は、そういうことはないのですが、積むだけ積んでおくけれど、執行ができないというケースが多いように思います。財務省の方も補正だから積み上げるが、どうせすべての執行はできないからお金が戻ってくるというような感覚で認めている気がします。真面目に執行のできる予算を重視して回して欲しいと思う時もありました。

財源論については、東日本大震災の復興のためとか、再生可能エネルギーの推進のためとかいう形で、所得税や電気代に数％上乗せされていますが、こうした方式は考えられないのか。また、笹川平和財団のサイバー関係の報告書の中には、サイバーセキュリティの強化のために例えばインターネット料金の中に一定額を上乗せするとか、株式取引への課税に対する一律課税を見直すといったアイデアも示されていました。大いに議論があるところだと思いますが、採用するとしてもこうした方法だけではとても必要な財源にはならないということも事実だと思います。消費増税や所得税の累進課税率の見直し、防衛国債の発行といった議論を含めて、前例に捉われず専門家の間で検討してほしいと思います。

これまでは、防衛関係費の増額については「できない理由の説明」に力点が置かれてきましたが、その額やインセンティブ契約の話を含む調達改革など「実施するための条件」についても考えていく必要があります。平成30年12月に策定された30大綱には、こうした観点からいくつかの重要な指針が示されています。今後の防衛力の強化に当たっては、①従来の延長線上ではない真に実効的な防衛力の構築を目指すこと、②防衛力の質及び量を必要かつ十分に確保していくこと、③陸・海・空という従来の区分に依拠した発想から完全に脱却し、全ての領域を横断的に連携させること、④従来とは抜本的に異なる速度で変革を図っていくこと、⑤過去にとらわれない徹底した合理化を行うことが強調されています。

また、産業基盤の強靱化として、①企業へのインセンティブの付与も含む企業間の競争環境の創出に向けた契約制度の見直し、②装備品のサプライチェーンのリスク管理の強化、③輸入装備品等の維持整備等への我が国の防衛産業の参画の拡大、④装備品の適切な海外移転を政府一体となって推進するために必要な運用の改善、⑤装備品に係る重要技術の流出防止のための知的財産管理、技術管理及び情報保全の強化についての検討の推進が謳われています。経済安全保障法制ではこうした政策の方向性と一致する形で必要な規定が盛り込まれましたが、防衛装備の関係でもこうした法制を整備するとともに、こうした立派な方針について、文字通り実行することが求められると思います。

毎年防衛研究所が発行している「東アジア戦略概観」というのがあります。今年度版で高橋杉雄さんが書いておられますが、東アジアの防衛支出のシェアという視点で、いかに日本の防衛費が増えていないかということについて分析しています。2000年と2020年の日本、中国、韓国、台湾の防衛費の合計を100%として、各国が何%を占めているかを示したものです。2000年の1位は日本で38%、2位が中国で36%だったものが、2020年には中国が65%で1位、日本は17%で2位ということです。この20年で日中の比率は1：1から1：4へと大きく変わったということがよく分かりますし、日本、韓国、台湾を合計しても中国の半分程度しかないということになります。

自衛隊が戦うのは「3回の表」まで？

兼原　防衛省、特に自衛隊は自分で予算を執行するから、すごく真面目に積み上げるんです。でも、ほかの役所は自分で執行するつもりはなくて、外郭の組織に執行を丸投げするだけ。だから巨額の予算を平気で要求する。ところが、防衛省は全額を自衛隊が自分で消化する。ものすごく真面目にやっているから、大胆な予算増額や、予算の非連続な飛躍という発想がない。だから、予算要求の時に防衛省だけ積み上がらない。そこは発想を変えないといけないと思います。

髙見澤　航空自衛隊は積み上がるんですよね。以前に防衛省で陸海空の計画の総括をやっていた時に、陸上自衛隊は５００万くらいの要求をするのに2センチくらいの厚さの資料を作ってくるんですが、航空自衛隊は一枚紙に「何とかシステムが何十億かかる」って書いてくるだけ。その額はともかく、どっちが通りやすいかといったら空自の方でした。今から30年以上前の話ですけどね。

いずれにしても、そんなカルチャーですから防衛省の中でもＧＤＰ２％なんか絶対できっこないという人が非常に多い。今までそんな要求をしたこともなければそんな発想もないという人が多いんです。

兼原　もともと、冷戦初期に「瓶の蓋論」（注：日米安保条約は、日本の軍拡を防ぐための瓶の蓋である、とする論。日本は日米同盟という瓶の中に封じ込めた小鬼だという皮肉を込めた比喩。日米同盟初期の米国の対日不信を言い表したもの）というのがあって、自衛隊はあんまり大きくなるなってアメリカにも言われていたんです。

日米同盟の作戦構想は、ロシア（ソ連）に攻められたら、日本の陸上自衛隊、航空自衛隊はアメリカのシアトルの米陸軍第I軍団やハワイの米海兵隊第III遠征軍が来るまでの間、北海道で玉砕覚悟で踏ん張るということになっていた。北海道が落ちれば、一気に東京までロシア軍が降りてくる。北海道で米軍来援までロシア軍を食い止めるのが陸上自衛隊、航空自衛隊の主任務でした。海上自衛隊は米第7艦隊と共に、来援米軍の防護に当たるはずでした。いわば、「3回の表までの自衛隊」だったんですよ。4回からの攻撃はリリーフのアメリカに替わるっていう頭なんですよね。これがかつてよく言われた「限定小規模対処」の考え方であり、三木武夫総理が決めた防衛費のGNP1％枠の前提なんです。三木総理は、戦略的な考え方を全くしないで、当時の防衛力を上限とみなして「基盤的防衛力」と呼び、それ以上の防衛努力はしないと決めてしまったのです。第一次防衛大綱は、それを決めるために書かれた出自の悪い文書です。

将来の台湾有事では米軍は台湾防衛に回ります。9回まで、ましてや延長戦まで、米軍と一緒に中国と戦い抜くなんて考えたら、防衛予算がGDP1％で足りるはずがないわけですよね。実際には台湾有事ではアメリカが台湾に行っちゃうので、日本も9回まで一緒にがんばってくれと言われるわけです。

髙見澤　3回表なのかどうか分かりませんけど、少なくとも勝利投手の権利を手にせず降板するのが前提になっている感じはあるんですよね。そこを本当に考えなきゃいけない。9回まで自分で戦うなら、本当にすごいお金をかけなきゃいけないし、ロシアみたいに昔のものを全部捨てないで持っておく必要もあるかもと思います。

兼原　無意識のうちに発想がそうなっちゃってるんですよね。古い戦車なんて解体しないで、西南方面にもっていって置いておけばいいのに。

髙見澤　防衛費の増額といっても、この数年間が大事なので、即応能力などこれまで手の回ってこなかった部分を緊急的に整備するという考え方があっていいと思います。1974年に第十雄洋丸というタンカーが貨物船と衝突して炎上した事件では、いくら消火活動をしても鎮火しないので海自の魚雷で沈めようとしたが、すぐに撃てる魚雷がなかった、ということもありました。そこはさすがに変わってきていますが、今度は継戦能力の面においてどこまでやるのか。有事が近いっていうことであれば、まず弾を買う、抗堪化を進めるということをやっておかないといけないですね。

兼原　台湾は抗堪化を真面目にやってます。台湾の中央部には3000メートル級の山々が連なっていますが、その山を盾にして中国の反対側に穴を掘りまくって飛行機をしまっています。日本の基地は青空基地で、高価な戦闘機もほぼ剝き出しの甲羅干し状態ですが、それでいいのか、と。また、核攻撃の対象になりうるところにはやはりシェルターを作っておかないと。

高見澤　そういうことを考えると、少なくとも単年度だけでも、緊急的に措置するようなお金が必要になることはあると思うんですね。それを緊急性がないとか、どうせ戦争なんか起きないと言われちゃうと、自衛隊も要らないんですかみたいな話になっちゃうんですけど。

兼原　でも台湾有事はリアルですよ。最近、習近平は、アメリカが先端半導体を売らないので、先端技術は全部内製化するって言ってます。あれは、米国といつ切れてもいいように戦争準備をしているってことですよね。

佐々木　そういうのを考えると、何か手遅れ感がありますね。

兼原　いや、そう言ったらおしまいですから、できることはやっておかなければいけません。

防衛費を2倍にするなら、防衛省の研究開発費を1兆円に

兼原　あと、これは最近、あちこちで話して回っているんですが、研究開発費の話をしてもいいでしょうか。

学者は一流のスポーツ選手のような人たちなので、本能的に最高峰を目指します。銀メダルに甘んじるなんてありえない。ただ、技術開発の場合には、その研究が先端的に過ぎるとマーケットで売れない。需要がない。商業利用の目的が見えないと、企業はその技術を拾って投資しません。すると、せっかく開発にこぎつけた先端技術が死んでしまうことになる。いわゆる「死の谷（death valley）」です。

ところが、政府だったら、高いリスクを取って国家安全保障を理由に財政的な橋をかけられます。狭い意味の軍事技術の話ではありません。最先端の科学技術全般にかかわる話です。諸外国では、科学技術こそが国防の基盤だという哲学が浸透しています。敗戦国の日本にはこれがない。他の先進国では最先端科学技術の研究・開発から市場化に至るまで、安全保障を理由にして政府が高いリスクを取り面倒を見るんです。アメリカでは国防総省の科学技術研究開発予算が毎年10兆円もあって、企業への委託研究開発のみならず、スタートアップにもバンバン金を出している。無駄になっても全然気にしない。科学技術の世界での実験失敗は、そのまま将来の肥やしですから。リスクを取るとはそういうことです。

また、スタートアップが必要とするお金なんて1000万、2000万程度ですから、全体から見れば微々たるもの。どんどんお金をつける。こうしてアップルやモデルナが生まれてきた。独り立ちしたら、企業は自費で高度な技術を開発するようになる。それを国防に生かしてもらう。こういう仕組みがあると、企業が拾わないような先端的なところにも政府からお金が入ってくるようになるわけです。科学技術全般で最先端の部分が安全保障の一丁目一番地だという理解があるからこそできることです。ゲノム編集とか量子コンピューターとか、世界を変える先端技術であれば何でもいい。

日本にはこのエコシステムがなくて、まず日本学術会議に代表される学界が防衛省や米国防総省とは絶対に付き合わないって未だにがんばっている。冷戦全盛期の反米、絶対平和主義で時計が止まっている。岸田総理は、今年制定された経済安保法制の中で、安全保障関連技術育成のための官民協力に向こう2年間で5000億円を積んだ。このお金が有意義に生かされて、久しく凍りついた学術界の雰囲気を変えてくれることを祈っています。

現在、完全に欠落しているのは、産業界の民生技術をやっているラボや技術者に安全保障名目で委託研究などの金を流す仕組みです。民間企業にもノーベル賞を取るような技術者がいる。しかし、彼らの才能を国家安全保障に生かす仕組みが全くない。科学技術予算は4兆円あって、そのうち2兆が文科省に行って、6500億が経産省に行きますが、軍事研究絶対反対の国立研究所か、国立大学に全てのお金が流れていく。本来、防衛省に民生技術を安全保障に生かすための巨額の基金を設けて、民間企業のラボに委託研究用に回してもいいはずです。ところが、防衛省に回される政府の研究開発予算はたった1600億です。防衛省は自分でも足していますが。今、開発中のF3（次期戦闘機）の開発費が加わっていますから、トータルでは3000億になりますけど。この話を化学製品メーカーに勤めている高校の同級生にしたら、「えっ！　うちの倍しかないの？」と驚かれました。研究費1600億って、大手企業ならこれより多いところはいくらでもありますよ。

防衛省の研究予算は、1兆円ぐらいあってもいいと思います。文科省に流れている2兆円のうち、8000億円は大学運営費というただの補助金で、研究とは全く関係がない。これが既得権益化しているので、これを剝がしたらいいじゃないかと思って財務省の友達に相談したら、「兼原さん、分かってないね。このお金は地元への補助金なんだよ。地方の大学というのは地場産業。共産党だけががんばってるわけじゃない。自民党だって予算を切ると大反対する。この予算を切るなんて無理だ」と言うんですよね。この仕組みを考え直して、根本的にお金の流れを変えるしかないと思うんです。

理系の学者の先生方は反防衛省の政治活動には関係がないんですよ、もともとイデオロギーがないから。問題は大学の事務局や文系の左派の先生たちで、絶対に防衛省とは付き合わないってがんばってる。理系の先生に強い同調圧力をかける。予算の流れを大きく変えないと、この問題は解決しない気がします。だから総務省と防衛省と経産省だけで、左派に牛耳られた大学事務局を通さない国立研究所を作って、そこにドンと毎年1兆円落ちるようにする。横須賀あたりに安全保障を目的として量子やサイバーに関する研究拠点を作ればいい。横須賀にはNTTの立派な研究所や、自衛隊のサイバー学校（陸自通信学校）も防衛大学校もあるから、協力して第二の筑波研究学園都市のような研究拠点を作ったらいい。民間からも、自衛隊からも、西側諸国からも研究者をどんどん呼んだらいい。今まさに防衛費をGDP2％にする、2倍にするっていう話になっていますから、安全保障目的で研究開発費を1兆円付けて、こういう民間の優秀な技術者に研究資金を流す仕組みを作ったらいいと思うんですけどね。

最近、防衛装備庁が、民生技術で安全保障に転用できるものを持ってきてくれと民間に言い始めているんです。これはすごく良いことだと思っています。

「予算の中身の議論」ができるようになるか

曽我　今の話をうかがっていて思ったのは、とにかくアイデア勝負になってきているな、ということです。前半で話してきた危機管理や官邸主導の話も、過去の危機の時にいろんな経験をして、アイデアが出て、そのアイデアがうまくいかなくてまた新たなアイデアを出す、ということの繰り返しです。アイデアが明示化されることによってそれが政治の争点になりますし、争う価値があると考えるからアイデアを競う政治家が増える。
ただ、惜しむらくは、ともすれば、野党の訴えは「本当に必要なものを精査しろ」といったあたりで止まる。今の研究の話も含めて、髙見澤さんがおっしゃったように防衛予算が可視化されたら中身のアイデア勝負になって、本当に政権を目指す野党議員もその議論に参入してくると思いたい。だが、そこにどうしても選挙という要素が入ってきてしまう。現状では、アイデアの勝負になってないから、政治家はそこに魅力を感じない。あるいは、政権のプランを叩けば良い、という安易な方向へと流れてしまう。

防衛費の増額を機会に中身を可視化して議論していきましょうってなったら、政治主導で予算の作り方も変えられていくことになるかも知れません。ちょっと楽観的すぎるかもしれませんけど。

兼原　アメリカみたいに議会が完全に予算を仕切るようになると全然違うと思いますが、日本は議院内閣制ですからね。予算編成も政府主導です。政府トップの閣僚がみな議会からきているわけだから。

曽我　そうなったら、過去を検証して責任取らせるっていう後ろ向きの話だけじゃなくて、もうすこし前向きの話もできそうな気がしますよね。

髙見澤　兼原さんが、研究開発費1600億ぐらいって言ってたんで、ちょっと過去のデータを見てみたら、令和3年度の当初の研究開発費の歳出化は866億円しかない。それを700億増やしましたって話なんだけど、やっぱり本当に少ないんですよね。おそらく、最近まで研究開発でプロジェクトとしてやっていることがあまりなかったということだと思いますが。

佐々木　何が足りないのかという議論を具体的にすれば、財源をどうするのかという議論も現実味を帯びて、政策に対する国民的理解も、負担を増やす必要性の理解も、得られると思うんですよね。

予算の仕組みを抜本的に変えるというのは、そういう不都合を直していくことによって徐々にできるとは思いますが、根本にあるのは歳出歳入の不均衡で、これが不自由さの最大原因なわけです。だから、不均衡がある程度是正されればもっと自由度は増すでしょう。でも、これが政治的にも一番難しい。金融所得はフラットに20％の課税なので、給与所得にくらべて低いから上げよう、金融所得の多い金持ち世帯の実質負担を上げるべきだ、といった議論はありますが、おそらくそこを増税してもそれほど大きな増収にはならないでしょう。

特効薬はないです。長年かかるでしょうけど、基本的にはできるだけ負債を減らしていく。国債費を除いて政策経費と税収を合わせようというプライマリーバランスを達成するのが第一歩です。国債費まで含めて均衡させようといったら、もうえらい話なんで。

兼原　私が行ったフランスなんか消費税2割でしたが、高いレベルの福祉や行政サービスを受けようと思ったら、それが普通だと思うんですよね。政治的に安易な国債増刷に逃げて、次の世代に負担を付け回すことには抵抗感があります。若い人はもっとそうだと思います。

消費税を2割に上げると、どれぐらい税収が増えますかね。

佐々木　消費税は社会保障の財源とされていますが、1%上げると2・7兆円ぐらい税収が増える。だから、現在の10%から20%まで上げると20~30兆円ぐらい税収が増えるという計算になりますが、実際には増税によって消費が冷え込んだりするので、若干相殺されるでしょうけど。

欧州は下げたり上げたりしてるんです。だけど、レベルは総じて高いですよね。

兼原　アメリカは州にもよりますが、食料と衣料は無税ですよ。その代わり、普通のものはちゃんと消費税を取る。福祉国家になったら消費税は上がるものだというのが先進国のコンセンサスだと思いますけどね。

佐々木　社会保障についても非常に難しいですね。高齢化が進んで、どんどん高齢者に対する給付が増えていますが、高齢者って国庫負担割合が高いんですよね。保険料で賄う部分と、国の税金が入っていますが、税金部分がどんどん増えていく。

兼原　イギリスは終末治療に国が医療保険金を払わないと聞いています。自然に死ぬことを国民が受け入れているんですよね……という話を官邸幹部にしたら、日本じゃとても無理だろうと怒られた覚えがあります（笑）。

高見澤　さすがにそれは言えないにしても、現役時代は負担3割で、後期高齢者になって1割に減りますが、後期高齢者も特定の治療については2割負担にする、くらいのメリハリがあっても仕方ないかも知れません。保険制度があるがゆえに安心できるという面もありますが、利権構造的な部分はものすごくありますし、人生の最後まで優しい日本国というのは、このままでは持続可能じゃなくなってきている、という現実はあるので。

曽我　ｉｆの世界になりますが、もしコロナがなくて安倍政権が普通に終わっていたら、憲法改正は実現しなかったかもしれないけど、もうちょっといろんなことが正当に評価できたかも知れないな、と思うことがあります。消費税を2回上げたけれど選挙に負けなかったというのは、本当はすごく大きいことだと思うんです。政治改革がスタートした時は、これからは成長のパイの分配じゃなくて負担の分配になると言われましたが、非自民の細川（護熙《もりひろ》）連立政権は国民福祉税構想が浮上して潰れてしまった。その前の竹下さんも、その後の橋本さんも、増税したら選挙に負けた。ところが安倍さんは負けなかった。でも、コロナが来たことで、後先考えずに国債発行して対応しなければならない、ということになっちゃって、その記憶が一回消えてしまった。

兼原 消えましたね。

曽我 やっぱり選挙が怖いから、絶対、増税はしちゃいけないんだっていうコンセンサスに戻ってしまった。積極財政論一辺倒になると、いかに財政再建の芽を残すか、という腰を据えた視点は消えてしまう。

兼原 私は、世代間の負担の不公平感が強くなってきている気がします。「安全保障はアメリカ任せ、社会保障のツケは次世代任せ」という平成人の生きざまは、だんだん令和の人たちが受け入れなくなっているのではないか。「自分のことは自分でやれ」というサムライの自立精神が日本人に戻ってきているのではないでしょうか。安倍総理がやった増税の頃の世論調査では、消費増税にあんまり反対はなかったですよね。

曽我 そうです。

佐々木 民主党政権から自民党政権に戻る前に、野田さんが社会保障と税の一体改革を言っていました。自民党はいわばそれを引き継いだので、それをずっと準備してきた民主党はあんまり反対できなかった、という事情はあったと思いますが。

政治主導がうまくいったＴＰＰ交渉

兼原　次に通商交渉について話したいと思います。これもＴＰＰ交渉の総括官だった佐々木さんからお願いします。

佐々木　ＴＰＰは、民主党時代の貴重な経験から始まって、官邸が官僚組織をどう動かしたかを知る一つのモデルケースだと思います。

兼原　おっしゃるとおりです。通商交渉だと従来、「外国の牛肉や豚肉を買うな。コメはできるだけ守れ」という農水省と、「アメリカでたくさん車を売らせろ」という経産省が、それぞれの省益を背負いながら交渉に臨む。でも、最終調整役の官邸に明確な意思がなかった。

佐々木　政権交代で、民主党政権ができる以前の時代は、先ほどお話ししましたように、政と官と民が一体化して、それぞれのラインで縦割りの独立国家になっていました。その構造では対応しきれない危機的な問題がぽつぽつ起こるようになって、官邸主導がだんだんと強まってきた。中曽根行革、橋本行革、小泉行革などがあって、縦割りがだんだん弱まって横串が刺せるようになった。その流れの延長線上で出てきたのが民主党政権でしたが、官邸主導、政治主導のやり方が経験不足だった。

まず役人を排除した。大臣、副大臣、大臣政務官の政務三役だけで意思決定をした。政治主導と言いながら、実態は官邸主導ではなく党主導でした。小沢さんの率いる党と、鳩山さん、菅さん、野田さんの政府。個々の力のある政治家がそれぞれに主導しているので、よく分からない状態になってしまった。その結果として生じたのが、決められない政治です。

野田政権は原発再稼働でエネルギーがかなりそがれて、社会保障と税の一体改革の前に力尽きてしまった。TPPと沖縄の問題には手を付けたけれど完全に持ち越しになった。その後を継いだ自民党政権は官邸主導を実現したと思います。そういう文脈の中で現れたTPP問題は何が象徴的だったかというと、内閣官房に体制を一元化すると明確に決めたことです。各省がそれぞれ交渉し、外交権限がある外務省がまとめるのではなく、担当者は全員、内閣官房で併任してTPP本部の人間も兼ねることになった。併任だけでなく、常駐もたくさん置きました。全員を担当である甘利明大臣の指揮命令下に置いたわけです。

ここに二つのチームを作りました。対外交渉は甘利さんを筆頭に、首席交渉官の鶴岡公二さんと19人の交渉官、これが皆すごかった。そのほかに外務省の大江博さんとか森健良《たけお》さんがいて、官邸の中には経産省から来ていた今井尚哉《たかや》さんや宗像《むなかた》直子さん。国内調整の方は菅官房長官がトップでその下に加藤勝信副長官がいたんですけど、それと党の要路の西川公也《こうや》さんとか吉川貴盛さんとか森山裕《ひろし》さんとか宮腰光寛さん。彼らは農林族というけれど、本当の農林族というより官邸族だったんでしょうね、特に西川さんは。

そういう体制の下に私と渋谷（和久）という審議官と主要省庁の局長を全部集めて、毎週1回水曜日に状況確認と、次に進むべきことを協議していたわけです。

「これは恐らくUSTRより優れた国内体制だ」と、米国側が言っていたそうです。アメリカは国内調整があんまりないんで、議会で否決されたりします。各省調整を行ったものを交渉団のマンデートとしてお願いをしていたということの国内チームは、そのほかに情報管理、与党調整、国会対応、関係団体説明、フォロー対応などもやっていました。結局最後は人の問題なんです。組織を作って機能させるのは人です。

日本の交渉団は「ホテル負け」していた

佐々木　これは余談なんですけれど、最初に鶴岡さんに言われたことがあります。これまでの対外交渉、通商交渉では「ホテル負け」していた、と。なぜかというと、こういう大きな国際交渉ではホテルを一棟借りしてやるわけですが、そのホテルの料金が日本の感覚で言うとむちゃくちゃ高い。1泊3万とか4万とかする。これでは日本の旅費法上、払えないんです。だから日本の交渉団はメインのホテルを離れてちょっと郊外の安いホテルに泊まり、交渉のために毎朝バスに乗って会場に駆けつけていた。するとどうなるか。正式な会議が終わった後にホテルの中のレストランだとか幹部の部屋だとかで行われる合従連衡に加われず、孤立することになる。孤立している上に従来の日本は各省ばらばらだったので、「向こうの省を犠牲にしてうちの省が取ろう」みたいに思っているところがあり、そこを突かれてしまう、と。だから、ちゃんとしたホテルを手配させてくれ。それが第一点です。

第二点は、「指揮命令系統を一本化してくれ」と。これも先ほどの話と同じ。各省が交渉をばらばらにやっていると各個撃破されるわけです。各個撃破されないように、一人の大臣の下で権限を統一してくれと。

そういうことをスタートの時に鶴岡さんに言われて、私は国内担当として忠実に守りました。ホテル負け問題は解決の方法があって、旅費法の例外として財務大臣の承認があれば上限を超えて払えるんですね。TPP交渉ではそれを一括承認したんです。交渉にかかっているステークは何兆円もあるのに1回の宿泊費を2万円ケチって負けたら意味が全くないですから。

これが私の体験の大枠ですけれども、こういう体制の作り方というのはかなり画期的だったんじゃないかと思うんです。その後、どういう体制になっているかは知りませんが。

兼原　残っていると思います。この後、日本・EU経済連携協定がまとまりましたが、これもTPPの時にできた体制があったからまとまったんです。外務省が単独で交渉をリードしている間は、全然まとまらなかった。

私は外務省での最初の配属が経済局だったんですが、国際交渉になると経産省と外務省は主導権争いで喧嘩になるし、加えて経産省と農水省が行司役の外務省に言いたいことだけ言って帰って行く。それだけならまだしも、経産大臣と農水大臣が勝手にワシントンに行って、違うことを言って帰ってくる。国務省が怒って「どっちが本当の日本の立場だ?」って聞いてくるわけです。みんな自分の利益だけを守って勝手にしゃべりまくっているので、日本の交渉ポジションも敵に筒抜け。これじゃ交渉になんかならないわけです。

色々な外交交渉をやってみてつくづく思うのは、国内をまとめられなかったらまともな対外交渉なんかあり得ないということです。国内をまとめてポジションを作って、カードの切り方を決めて全員でシェアして、交渉戦術の秘密を守り、作戦通りにやるぞと言ってカードを切っていく。鶴岡さんからTPP首席交渉官を引き継いだ大江さんなんか、これがすごくうまいですよ。

佐々木　大江さん、カードを全部使わなかったでしょ。途中でまとめちゃうんですね。あんまりこういうことを言うと、アメリカが「オマエら、もっと譲れたんじゃないか」と思うかも知れませんが。

兼原　そこはお互い様ですから。外交は痛み分けくらいの塩梅で終わるのが一番いいんです。

ＥＵとの経済連携協定もうまくいった理由

兼原　ＴＰＰ本部で何が一番すごいと思ったかというと、首席交渉官に鶴岡さんを連れてきたことです。なぜ彼が呼ばれたかというと、官邸のトップの人たちが外国の偉い人たちに「日本で誰が一番嫌な交渉官か」って聞いたら、一番名前が挙がったのが鶴岡さんだったから。それほど外国勢から恐れられていた。鶴岡さんの起用は大成功だったと言われていました。

鶴岡さんの後を継いだ大江さんもまたすごい人で、もう外務省でこれ以上はないというコンビ。ただし、いくら彼らがすごい人たちであったとしても、対外交渉をして帰ってくるだけです。国内でまとまらなかったら交渉で作った合意が実現しないわけです。こういう時、外務省はすぐ総理のところに行って「何とかしてください」とお願いしちゃうんですが、対内調整を丸投げされても忙しい総理は困るわけです。そこで次官クラスの国内調整総括官の出番です。国内調整総括官が農水や財務の幹部と話し、農水族の要路とも話をして大丈夫そうだったら、初めて官邸が話を受ける。その時に官邸と農水族をつなぐのが、西川さんのような農水族議員。彼らは安倍総理や菅官房長官のような官邸要路と通じていて「ちゃんと予算の手当てがつけば、後は私たちが抑えますから」という話でつながるんですよね。

この内政面での調整の仕組みができないと、通商交渉なんかできないわけです。今回、大成功だったのは、佐々木さんが初代を務められた国内調整総括官が新設され、総理官邸の中に国内総括と対外的な交渉のリンクができたことです。日本国内で交渉ポジションが一つにまとまると、対外的に漏れないんですよ。リング場外での日本人同士のけり合い、裏切りがなくなるし、総理官邸のにらみが利いているから自民党の部会でもたたかれない。多分、戦後初めて日本政府が一丸となったまともな通商交渉ができた。

日本とEUの経済連携協定も、鈴木庸一フランス大使を呼び返して首席交渉官に据え、渋谷さんが政策調整統括官をやられて、同じ仕組みでまとまったんです。日本政府ってまとまると強いんです。防災系の危機管理も事態室の指導下でまとまってすごく強くなったじゃないですか。個々の官僚はみんな優秀なんですよね。まとめる力がなかった。対外交渉で外に出て目立つのは外務省と経産省ですけど、国内で農水省と農林族をまとめるのは実は予算手当てをする財務省なんです。それを全部まとめるのは官邸しかない。

佐々木　中でも総理と官房長官ですね。官房長官を中心に、秘密裏に5大臣会合をやっていたんですが、官房長官、甘利大臣、経産大臣、農水大臣、外務大臣で会合をやって、政治レベルではそれで意思統一を図っていた。おっしゃるように、農水省が一番被害を被るんで、どうしてくれるんだみたいになるわけですけど、時間を稼ぎながら、農業が強くなるような予算を組みますからっていうことで。ウルグアイラウンドの反省をみんな持ってましたし。

兼原　政策的な目的もなく、コメ市場開放の代償として6兆円をばらまいたやつですね。

佐々木　そう。あれは何だったんだっていう思いがありましたから、TPPでは金額目標も全然決めなかったんです。農業が強くなる予算を追加します、と言うくらいで。インフラを整備するとか、新しい農業のスタイルにお金を投ずるとか、日本が強い部分をどんどん輸出に回すとか、そういう予算を補正予算と当初予算の両方で。

その時は稲田朋美さんが政調会長、塩谷立《しおのやりゅう》さんが政調会長代行で、我々事務方と農水の人たち、それから農林部会長の小泉ジュニア（進次郎）とかが会議室に座っていて、あうんの呼吸でやり合いました。西川さんが強く予算を要求し、私は大反論する。西川さんも官房長官の意向は分かっているんで、党の場ではガンガンやるんです。

後で議員会館に西川さんを訪ね、何とかお願いしますよ、ウルグアイラウンドのようなことになったら国民から信頼を失いますから、と言うと、それはもう分かってる、みたいな感じでした。大局のために演技ができる政治家はやっぱり必要なんです。昔の自民党はそういうことができた。あんまり演技って言っちゃいけないですけど。

兼原　政治の大舞台で歌舞伎ができる政治家が一番私たちにとって助かるんです。時々歌舞伎が本気になる人がいて困るんですけど（笑）。

甘利大臣の功績

佐々木　もう一つ、官房長官や西川さんたちのグループ以外に、やっぱり表に立って交渉された甘利さんが大きかった。甘利さんはすごく頭のいい人で、私たちの話を聞くと、全部自分の頭で消化して自分の言葉で話す。あの能力ってすごいなと思いました。その甘利さんが、アメリカ代表のフロマンと本当にガンガンやり合う。

兼原　甘利さんがいなかったらうまくいかなかったかもしれないですよね。

佐々木　そうですね。一人の大臣に全権限を持ってもらって、向こうの担当のＵＳＴＲ

と戦う。我々は背後で何とか妥協できるような点を国内調整で見つけ出すという作業をやっていました。もう一人の主役は農水次官だった皆川芳嗣《よしつぐ》さん。皆川さんは結構強い人で、いろいろ言ってくるんですけど、納得したら農水省の中を完璧に抑える。

兼原　あそこって農水次官ＯＢクラブみたいなのがあって、それぞれが個別の農水議員といろいろな経緯から付き合いがあり、次官が次官ＯＢの連絡網を使って自民党農水族全体をまとめるんですよね。強力な農水次官がＯＫと言うと農水族がまとまるという感じです。

佐々木　だから、そういう日頃からの関係がないと収まらないですよね。

兼原　さっきの高見澤さんの話じゃないですけど、やっぱり個別の人脈みたいなものがあって、そこと政策が絡むんですよね。最後は全部、政治です。

佐々木　ＴＰＰで譲歩したラインがあるんですよ。これがスタンダードになって、そこまでだったら国会議決も経《へ》てるんで大丈夫というのがあるので、それを越えるとこれまた大議論になるんですけど、これが結構、深掘りしたところなんですよ。これまでの日本で考えられたラインより相当深掘りしていて、そこが一つのラインになっていたので、交渉がある程度やりやすくなった可能性はありますね。

兼原　ＴＰＰ本部は巨大な成果を残したと思います。オバマ大統領の腰が折れて、トランプ大統領が放り出したＴＰＰを日本が独力で救い出した。アメリカが抜けたＴＰＰが生き残ったのは、日本のおかげです。今世紀に入ってから実現したメガ自由貿易協定は、日・ＥＵとＴＰＰとＲＣＥＰ（東アジア地域包括的経済連携）、それから南米のメルコスール（南米南部共同市場）とＥＵの間の協定で四つなんですけど、そのうちの三つが日本絡みなんですよね。自由貿易促進では主導権を取ったことのない日本が、突然、自由貿易の旗手になってしまった。

曽我　あの時、一番最初にＴＰＰ交渉に参加表明したのは、２０１３年3月の朝日新聞のインタビューなんです。

よく覚えているのは、やっぱり私たちにもウルグアイラウンドの記憶があるので、アメリカに行って先に交渉表明するんじゃなくて、まさに部会に騒がせて、向こうで注文を受けて、向こうから譲歩を引き出して参加表明すると思っていたから、それでびっくりしたんですよ。進め方が変わったんだと。

もう一つは、正直言って私たちは最初、この件がそんなに安倍首相の中で優先順位が高いと思ってなかった。特に参院選を夏に控えた日程でしたから。安倍さんにとっては本当に官邸主導の一つのモデルだったんだなというのを痛感させられたのがこの件なんですね。

佐々木　総理の意思は最初から明確でした。総理の下で官房長官、甘利さんが働き、官房長官の下で役所がうまく機能したっていうことだと思います。内閣官房の総合調整がうまく機能した。

兼原　権力って、権力者の意思表示とプライオリティの設定だけなんですよね。政治家の仕事は決めること、それに尽きる。安倍総理は、米国がＴＰＰから逃げた時、本当に怒っていました。「こっちがどれほど苦労したと思っているんだ」と強い語気で言われて、「日本だけでも自分はやる」と言い切られたんです。

佐々木　それで思い出しましたけど、党の公約、選挙公約には反対のことが書いてあるわけです。

曽我　そうです。11月に出すやつで。「『聖域なき関税撤廃』を前提にする限り、（通商）交渉参加に反対する」と。二重否定を使って、後で逃げられるように作ってある。

兼原　高村さんの発明した名ぜりふですよね。高村さん、すごく自慢していましたよ。「どうだ。名作だろ」とか言って（笑）。

高見澤　その当時の人選とか、うまい組み合わせができたのは、何が良かったのでしょうね。

兼原　多分、安倍さん、麻生さん、菅さんが集まって、各省からいろいろ聞いて、自分で選んだからだと思います。私たちもそうだと思います。

佐々木　何で私が選ばれたかよく分からないんですけど、おそらくそういうことなんでしょうね。私は民主党政権時代からいましたので、年末に自民党政権に代わって、4月の初めまでは組織の整理等をやっていたわけです。その中で沖縄とかTPPの引き継ぎとかもやりました。それで、そろそろおいとましますと菅さんのところに言いに行ったら、TPPまではやっていってくれって言われた。年内に妥結するからって。とんでもない話で、全然終わらなかったですけど。

曽我　でも、甘利さんという政治家にとっては、あれが跳躍台でしたね。

甘利氏に関しては私などもどちらかというと政局側から見ていて、その政局能力、総裁選への対応力や、あるいは疑惑など不祥事との関連ばかりが注目されてきましたが、おそらく麻生氏もその時、外交交渉ができる人なんだという発見をしたんだと思います。

兼原　あの方は多分、永田町の権力闘争よりも、政府の中で総理がかみそりみたいにして使うと恐ろしい切れ味を発揮する、という感じの人ですよね。

佐々木　私もそう思います。

髙見澤　横浜防衛施設局長の時の経験ですが、自衛隊の駐屯地や基地の行事に際して地元の国会議員を招待してスピーチしていただくというのがよくありました。甘利さんにも地元キャンプ座間の祝賀行事で一言挨拶をいただきました。それが絶品で、以前話題になったタモリさんの弔辞みたいな感じでした。何を見なくてもそのまま文章が綺麗に出てくるスピーチでした。フォトグラフィックメモリーのある人ではないかと思ったことがあります。今のお話を聞いていて、私の感じは間違ってないなと改めて思いましたけど。

第五章　インテリジェンス

兼原　では、次にインテリジェンス（情報、諜報）の問題に移ります。

私は外務省の国際法局長をやる前に、半年ほど内調（内閣情報調査室）に置いてもらったんです。インテリジェンスに興味があって、短期間ですが手を挙げて行かせてもらいました。内調の当時のトップである内閣情報官の北村滋さんがフランス留学で一緒だったのでやりやすかったです。内調での経験はインテリジェンスに関してすごく勉強になりました。初めてインテル・コミュニティの内側に入ってみて、気付いたことがいろいろあったんです。

まず思ったのは、総理はじめトップの人たちがインテリジェンスを駆使しない。他の国の大統領や首相は、政策サイドの役人を１００％は信用していないので、裏取りのために必ずインテリジェンスの人たちを呼びます。官僚主導時代の日本では、政治記者が政治家の傍で色んな情報を持ち込んでインテリジェンス・オフィサーの代役をやっておられたのかもしれませんけど。

インテリジェンスを使わない日本政府

兼原　例えば、外国元首に関して、外交交渉に関する情報は外務省から上がってきます。だけど、どういう人間か、どういう生まれか、弱みは何か、病気はあるのか、選挙に強いのか、家庭事情はどうかといった個人情報はあまり上がってこない。この種の情報はプロファイリングと呼ばれています。

普通、インテリジェンスのトップは必ず元首の横にいて、元首との距離感が近い。外国ではインテリジェンスのトップはスパイマスターと呼ばれて非常に高位です。日本ではもともと忍者が「お庭番」と言われていて、座敷に上がれない仕事でしたから地位が低い。情報軽視の国柄なんです。そもそも日本の組織のトップは神輿《みこし》に乗って担がれるタイプの人が多くて、自分で決めていないから、インテリジェンスを必要としていない。だから、日本ではインテリジェンス・コミュニティが育たない。

日本のインテリジェンス・コミュニティでは内調がトップにあって、その下にまず外事系の外務省と防衛省があります。外務省は外交情報を持っているし、国際情勢の分析は得意です。防衛省は自衛隊が米軍とつながっており、高度な軍事情報を大量に入手しますから特殊な存在です。その他のインテリジェンス・コミュニティのメンバーは治安系の組織。警察と海上保安庁と公安調査庁と金融庁と入管（出入国在留管理庁）と税関なんです。加えて経産省に安全保障貿易管理の人たちがいて、これが日本のインテリジェンス・コミュニティの全部です。基本的に横のつながりなんか全くない。

内調は毎週、各省庁の人を呼んで話を聞いています。内閣官房副長官は月に1回、合同情報会議を開いて、各省庁を集めて話を聞く。官房長官は年に2回、内閣情報会議をやって、次官級を集めて彼らと話をします。後は、内閣情報官が随時、官邸のトップに自分の集めた情報を入れている。

しかし、これでは官邸に必要な情報が適時適切に入っていると言うには程遠い。米国の国家情報長官は、大統領のところに毎日入ります。「今日の機密ニュースでございます」と言って、極秘のニュースを10項目くらい説明したりするわけです。残念ながら日本の総理が最も時間を割くのは国会答弁の打ち合わせです。

米国務省からよく日本外交を批判して「インテリジェンスがない外交なんて、酸素ボンべがないダイビングだ」みたいな厳しいことを言われますが、インテリジェンス・コミュニティが育っていない最大の理由は、先の大戦の敗戦もありますけれど、そもそも日本の総理に自分で本当に国家の命運にかかわることを決めているという厳しい危機意識がないからじゃないかと思います。最高のインテリジェンスとは本来、指導者だけが知ることのできる国家の安危にかかわる機密情報ですから。

国家安全保障会議（NSC）ができて良くなったと思うのは、総理官邸内の情報部門と政策部門が連動するようになったことです。内調のトップである内閣情報官は、日本のインテリジェンス・コミュニティのトップとして、しょっちゅう総理に会っていますが、説明を受けた総理が「で、どうするんだ？」って聞いても、職責上、政策的な助言はできない。国家安全保障局（NSS）ができるまでは、総理からすると、情報をもらっても指示を下ろす政策部局がなかったんです。内調は、情報を上げっぱなしだった。

また、内調は警察組織ですから保秘は固いので、総理が何を言ったのか、その反応を情報を出した他の官庁に下ろしてこない。だから各省は情報を取られっぱなしで、総理の反応が分からない。こうなると各省は内調に余り情報を上げなくなりますよね。かつては、日本のインテリジェンス・コミュニティは、外国の同業者から「集める、溜める、漏れる」ってからかわれていた。

NSSができて、総理官邸内に、安全保障に関して情報部門と政策部門の両輪がそろった。NSS自体にも独自に各省庁から情報を収集する権限がありますが、それよりもインテリジェンス専門の内調から情報をもらって政策に反映していく方が手っ取り早い。内調もNSSの話を聞けば、政策部門で今何が問題になっているか、どこに総理の政策面での関心があるかが分かる。こうして総理官邸の中で安保政策コミュニティと情報コミュニティの横のつながりができたわけです。

それでも宿題はいっぱいあります。例えば内調はもっと強くていいと思うんです。今は警察が完全に仕切っていますが、それは理由があって、戦後外務省はヒューミント（スパイによる諜報活動）をやっていませんし、米軍と一緒になっている防衛省の情報は軍事情報が主で独自の別世界を築いています。その他の日本のインテリジェンス・コミュニティといえば、あとは警察をはじめとした治安系の官庁です。この中で、戦前からのインテリジェンスのスキルを保持しているのは、防諜（カウンター・インテリジェンス）を業務とする警察と公安調査庁です。逮捕権限のない公安調査庁は、本来のインテリジェンス組織に近いですが、警察の方が組織が大きいし、官邸の中にも顔が利く。だから、警察が日本のインテリジェンス・コミュニティを代表する形になっている。

ただし、警察の業務は治安であって、対外インテリジェンス、外交と軍事に反映させるための対外的な情報収集はやっていない。ＣＩＡではなくＦＢＩなんです。内調が警察の出先であってはいけない。軍事、外交にもっと役立てるような対外情報の総括があってもいい。その意味で、内調をもっと強くするべきです。

内閣情報官のポストは、国家安全保障局長のポストと同様に、警察が独占せず、外務、防衛、警察など出身の官僚で回した方がいいと思います。ＮＳＳの局長も、外務省出身の谷内正太郎さんの後は警察出身の北村滋さんがやりましたが、これは良かったと思います。北村さんは内閣情報官時代に特定秘密保護法案を、国家安全保障局長時代に経済安保法制を作りましたが、これは外事警察出身の北村さんならでは。外務、防衛じゃできないでしょう。外務、防衛、警察で内閣情報官のポストも回して、政府全体のインテリジェンスの統括をできるようにしないといけないと思います。各々、専門分野が違うし、一長一短があります。このインテル３大官庁を混ぜ合わせた文化が必要なんです。

警察は秘密保持をずいぶん気にしますが、今は特定秘密保護法で縛ってあるので、極秘情報はほぼ漏れませんから。

例えば、政府の情報収集衛星の運用は内調で行っています。これは、かつて外務省と防衛省の所掌争いがあり、喧嘩両成敗で結局、防衛省ではなく内調の下に付くことになった。事実上、警察組織である内調に内閣衛星情報センターが委ねられたのです。偵察衛星の情報を最も使うのは防衛省であるにもかかわらず、です。

でも実態を言えば、やはり画像分析などの実働部隊はみんな防衛省から来ている。事実上、防衛省なんですが、形の上では警察が取り仕切っている内調にぶら下がった組織になっているんですよね。これの何が問題かというと、衛星情報を軍事目的や防災にあまり使っていないことです。最近、防災には少し利用するようになりましたが。これからは、本来の姿に戻って、もうちょっと軍事目的に直接に使えるようにしないといけないと思います。年、数百億円を使っているわけですから。

対外諜報庁を設置せよ

兼原　もう一つ問題だと思うのは、日本に対外諜報庁がないことです。防諜は結構強くて、警察と公安調査庁がいるものですから、日本に入って来るスパイの活動は、今の脆弱な法体系の下でも何とか抑えるんですけど、日本の方から出ていって情報を取るというのはやらない。中南海やクレムリンの奥の院でどんな話がされているのか、私たちには分からないし、分かろうともしていない。第二次大戦中に日本の南進政策を摑んでソ連を救ったゾルゲのようなスパイもいない。

これ、やらなくちゃいけないと思うんです。外務大臣も務めた町村信孝官房長官が非常に熱心でしたが、受けて立つインテリジェンス・コミュニティの方は、みんな全然やる気がなかった。今ならできると思います。恐らくイギリスのＭＩ６とか豪州の対外諜報庁（ＡＳＩＳ）と同じような組織になると思いますが、外務大臣の下にありながら、次官のレベルから切り離して外務省からは独立した数千人の組織にするべきです。外務大臣の指揮下とするのは、外交二元化はよくないし、工作に失敗して事が公になった時に、総理大臣ではなく外務大臣が責任を取ることをはっきりさせておいた方がいいからです。トップには外交官を据え、分析部は外交官に軍人、それにテロの専門家を集めればよいと思います。工作活動はノウハウのある警察か公安調査庁の出身者に主としてやってもらう。加えて、日進月歩の情報技術についていく科学部が要ります。将来、内閣官房にサイバーセキュリティ局ができたら、そこと連携してもらう必要もある。

やってできないことはない。豪州が対外諜報庁を立ち上げてかなり経ちますが、今は、すごく立派な組織になっています。

佐々木　それはすぐ機能するものなんですか。

兼原　いや、作り始めてから機能するまで10年以上かかると思います。人材を育てるのに時間がかかるでしょう。英国のMI6も、危険な仕事なので立ち上げた時はヤサグレ集団だったようですが、瞬く間にホワイトホール（英国の霞が関）筆頭の一流官庁に育ちました。国家が必要とする部署だからです。

各国政府の高官が内々に話してくれる情報は外交官が公電情報として取っているので、インテリジェンス部局は、相手が隠している裏情報を取るわけですが、そのためには相手の組織の中の誰かをつかまえなければならない。業界用語で「もぐら（mole）」と言います。この人を、高額の報酬を支払って面倒を見る。そこから取れる情報を本国に送るんです。これは世界中のスパイ組織がやっていることです。しかし、情報源の身元がばれると殺されるので、絶対に身元が分からないようになっている。「コードネーム」を使います。情報は、「コードネーム『サクラ』によると、プーチンがこう言っていた」という形で回ってくる。対外情報庁の工作部以外、情報源が誰かは決して分かりません。

外務省は逆で、「兼原がアーミテージ国務副長官に聞いた話」という風に情報源を特定した形で紙が回ります。外務省では情報源が高いレベルの情報を求める。確実だからです。新聞記者の取材に似ている。

これに対して、インテリジェンス組織は、身元はどうでもいい。情報源が相手方高官の生の本音を聞いていれば、それでいいんです。極端な話、ドライバーでも、メイドでも誰でもいい。私立探偵のような危うい情報の取り方です。その代わり、その情報源がどのくらい正確な情報を持ってくるかは常にチェックしていないといけない。

日本外務省には、このようなインテリジェンス情報を利用して意思決定をするという文化が少なくとも戦後はないんです。でも、世界中の国はこうやってインテリジェンスを加味して政府の意思を決めてるんですよ。

言うまでもなく危ういミッションです。ウェット・リストと呼ばれる協力者リストが漏れれば情報提供者は全員殺される。ＣＩＡは冷戦中に1回これをやられたと言われていて、モスクワにいた協力者たちが短時日のうちに全員死んだということがあったらしい。ＦＢＩのカウンター・インテリジェンス組織の中などにＫＧＢのスパイがいたらしいのです。

髙見澤　『ミッション：インポッシブル』の世界ですよね。あの映画で出てきました。リストのコードをどうやって取るかという話。

兼原　その世界は厳然とあって、私たちは戦争に負けてやめちゃいましたけど、勝った連中はずっとやってるわけです。

佐々木　防衛省には、そういう組織はないんですかね。

髙見澤　防衛省にも情報関係組織はいろいろありますが、国際的な部分は非常に弱い。イラクに派遣された時には、現地でどれだけ情報が取れるかということは考えました。けれども、外国の組織のように、常に戦争をしているような緊張感を持ち、犠牲が出ることを前提にして、それが表に出ずに処理されていったり、何年かたって英雄的に処遇されたりとか、そういう文化はなかなかできにくいですね。今の憲法体系の下では非常に難しい。

インテリジェンスの話は若干自分が関わってきたところもあるのでいろいろ考えるところはありますが、根幹にあるのは政治指導者の意思です。安倍内閣が他の内閣と違っていたのは、やりたいイニシアティブがあったことです。やりたいことがあったから、それを実施するための条件を整備しなければならない、情報を取らないと判断できないという部分がすごく大きかったのではないか。

合同情報会議については、以前は、大事なことはしゃべらない、誰でも知っているようなオープンソースの話を少し加工して話すというような風潮があり、どこの役所もそういう感じでやっていたと聞いたことがあります。一方、防衛省の情報本部で得ている大事な情報は基本的に内調に直接届く。後藤田（正晴）さん以来の伝統で、軍人のインテリジェンスは独立してはいけないということで、情報本部の幹部は組織的・制度的に内調と兼務する形になっているので、防衛省の情報本部は内閣の情報機関でもあるという形で直結していたわけです。こういう形で長いこと続いてたんですが、インテリジェンスについて省庁を超えて共有するような文化が出てきて、内閣情報会議が少し活性化してきた。合同情報会議も中身のある話をするようになってきたというところがやっぱり大きな変化だったと思います。

それに拍車をかけたのが国家安全保障会議の設置です。国家安全保障会議設置法（第6条）の中に、「資料提供等」として、「内閣官房長官及び関係行政機関の長は、会議の定めるところにより、会議に対し、国家安全保障に関する資料又は情報であって、会議の審議に資するものを、適時に提供するものとする」「前項に定めるもののほか、内閣官房長官及び関係行政機関の長は、議長の求めに応じて、会議に対し、国家安全保障に関する資料又は情報の提供及び説明その他必要な協力を行わなければならない」という記述が入るんです。ここで言ってる内閣官房長官というのは、要するに内調のことです。国家安全保障会議は、内調の情報も含めて国家安全保障に関して全部情報を集約するというようなことが、設置法の中で言わば担保された。それによって国家安全保障会議なり、その下の国家安全保障局がそのような権限を持つことになったので、本当の情報のフュージョン（融合化）ができるようになりました。

一方、国家安全保障局のほうには警察、防衛、自衛隊、外務など関係者全部がどっと入ったので、そこで初めて、センシティブな情報も含めて恐る恐るみんな出していくという文化ができた。それをやってみると、お互い知らなかったことを知ることができるようになるのですごく良い。みんな国家安全保障会議、国家安全保障局様様になるわけですよね。だから防衛省の情報フローも格段に改善する、内調もそれを認めるという形になって、各省からも割と情報が出てくる。国家安全保障局にいると、「外務省はこんな電報が限定配布だったのか」みたいな話もよく分かるようになる。あの当時、関係者は情報共有したほうが勝ち組だと思い、私は「Sharing is winning」ということを言っていましたが、そういう感覚がありました。

国家安全保障局が情報の流れを変えた

高見澤　NSCができたことにはものすごい効果があったと思いますね。ひとつ経験をお話ししておくと、テポドンが初めて発射された1998年8月、私は当時の安全保障会議の事務局である内閣安全保障室にいました。その頃、内調や防衛庁は、北朝鮮がどうもミサイルを撃ちそうだということは分かっていたようです。けれど、その情報は内閣安全保障室には共有されていませんでした。少なくとも私は、「何かありそうだ」と個人的には思っていましたが、実際にテポドンが飛んだ時にはびっくりしました。当時は「センシティブな情報はとても内閣安全保障室なんかに渡せない」という感じがあったと理解しています。私自身も情報をやっていたこともあるので、まあそんなもんだろうという感じがなくもない。恐らく当時のルールでは、内閣官房の事務方にそういう話をしていいという根拠はなかったんじゃないか。

それぐらい、センシティブな情報というのは、官邸のスタッフに使われていなかったと言われています。北朝鮮の工作船を追っかけている時も、海上保安庁と防衛省の関係がいろいろ問われてまして、私は2001年に海上保安庁が北朝鮮の工作船を撃沈した時は防衛庁の情報サイドにいましたが、当時は改善されたと言っても情報の話はなかなか扱いが難しかった。その意味で、やっぱりNSCの設置は画期的ではなかったのかなと思います。

それでも内調、衛星情報センター、防衛省情報本部も含めて、さらに改善する必要はあります。全体の話を言えば、余りにも規模が小さい。総理のところで情報はまとまるようになりましたが、もう少し全体的な広がりを作っていかなきゃいけない。外務省だって、東京にいる間はいいんですけれども、前線に行ったり海外に行ったりすると、その情報は得られない。在外公館で本当にセンシティブな情報を必要とする場合はあるでしょうが、そうした情報が外務省の末端まで届くようなシステムはできていない。

NSCができたことで良かったのは、外務省の出てくる組織が変わったこともあります。それまでも合同情報会議での情報共有はあったんですけれども、外務省から出てくるのはいわゆる情報官組織でした。情報を「使う側」の総合外交政策局などではない。国際情報官室から関係の局に情報を流すという形で、インテリジェンス・コミュニティのつながりしかなかったから、防衛省から直接、総政局とか北米局にセンシティブな情報は渡さないというのがルールになっていた。

ところがNSCができて、外務省の総政局長と防衛省の防衛政策局長は国家安全保障会議でいつも顔を合わせるようになった。そこに内閣情報官も官房副長官補もいて、事務方のコアな7～8人は常に一体的な情報共有ができるようになってきた。その情報を全体にどうやって下ろしていくかというところは課題として残っている感じはしますが。

衛星情報センターのほうは、ノウハウも蓄積されてきたと思うんですけれども、やはりセンサーとしての性能はもっと上げていかなきゃいけないし、分析体制もより一体的な形にしなきゃいけない。政府クラウドのような形で、何らかの形で情報をシェアするシステムを作り、情報を必要とする人は、その人のレベルに応じて必要な情報にアクセスできるというような体制がないといけない。そのアクセス履歴もきちんと残り、分析成果も何らかの形でフィードバックされるというようなところが大事ではないかと思いますね。また、衛星情報についてもオープンソースの活用が非常に重要になってきています。

それから、スパイ防止法も大事なんですけれど、やはりセキュリティクリアランス

（機密情報アクセスのための資格審査）制度をきっちり作ってほしい。経済安全保障法制のフォローアップとして、情報を扱う人の適格性を担保するとともに機微な情報共有が可能になるようなセキュリティクリアランス制度は必要です。

政府クラウドはAWSにするのがいい？

髙見澤　これはサイバーセキュリティと関係しますけれども、外国の情報機関はいわゆるシギント、要するにシグナルインテリジェンス（通信や電波の傍受による諜報活動）のところは膨大な組織を持っています。それが企業も含めて、いろんなところに広がっているので、その強固なインテリジェンス・コミュニティの存在、非公式あるいは公式の親しい関係・ネットワークの存在が、サイバーセキュリティ能力の源になっている。そこの圧倒的な差、バックグラウンドの違いは憲法9条の制約よりはるかに大きいです。憲法21条（第2項　通信の秘密は、これを侵してはならない）の制約のほうがずっと大きいと思います。

日本の防衛全般については自衛隊があるけれど、サイバー防衛については自衛隊には全般的な責任も権限もない。現状では、コアとなる組織が存在していない。日本にもし、今の情報本部より大きなシギント機関があって、そこに何千人何万人といれば、それがコアな組織としてできるかも知れませんが、内閣サイバーセキュリティセンターはそうなっていません。かつてサイバーセキュリティ庁を作ろうという提言がありましたが、それは実現しませんでした。個人的には平和安全法制のような形で、憲法解釈の変更も含めて、サイバーセキュリティを抜本的に強化しなきゃいけないと思っています。

昨年できたデジタル庁の動きはそんなにフォローしているわけではありませんが、もうちょっといろんな法体制を考えていかなきゃいけない。サイバーセキュリティの見える化ということができていないので、我々の今のシステムだけでなく、特殊法人や指定公共機関的なところを含めて、どういう情報管理をするか。現状ではインフルエンスオペレーション、偽情報の拡散とかマニピュレーションに対して対応できないし、どこかのシステムが一つダウンした場合に、だれがどう対応するのか、なかなか言えません。

例えばウクライナの場合はＡＷＳ（Amazon Web Services）のシステムに、法律改正して依存することにしましたが、日本としてそういうプラットフォームに依存するのがいいのか。逆に自分で作るとして、本当にできるのか、コストがどれくらいかかるのか、という問題もある。日米共同開発か国産かで議論を呼んだＦＳＸと同じような話かも知れませんが、そこのところが本当にやっかいで、とにかく国産だって叫んでいる人は中身がどういうものであるかにはこだわっていない。でも、本当に戦争に備えるなら、日米共同開発のＦ－２じゃなくてアメリカ製のＦ－35を買いますという人もいる。

これこそまさに政治家が優先度を決めてやるべきことです。平和安全法制の時もサイバー関連法制を含めてやらなくていいのかという話がありましたが、とてもそこまで手が回らなかった。今はそれが非常に重いというか、ちょっと遅れすぎてるかもしれないんですけど、やらなきゃいけない状況に来ていると思います。

セキュリティクリアランスの必要性

兼原　デジタル庁に行っている人たちと話をすると、彼らは「インテル・コミュニティの人が何も教えてくれない」と困っている。デジタル庁はインテル・コミュニティも含めて政府全体のプラットフォームを作ることになっていますが、インテル・コミュニティの側は、「あいつらはとても信用できない。秘密保全は情報源の命にかかわるという厳しさがない」と言ってるわけです。この政府部内の分断は、日向の世界と陰の世界、昼の世界と夜の世界のようなものです。この縦割りは相当に強力で、最高指導者である総理か官房長官が言わないと動きません。そういう理由で、デジタル庁を作る時に、「セキュリティは所掌から外しておく」ということを決めちゃっているので、最初から片肺飛行状態にしてしまっている。アメリカが「いい加減にしてくれ」と言っていると思いますが、それが今の状況です。

デジタル庁を中心に政府統一プラットフォームを作り、政府クラウドを作ることがまず必要です。政府統一プラットフォームや政府クラウドを作れば、そこに敵が侵入すれば我が方の機密情報を一網打尽にされるので、インテル・コミュニティを統一型政府クラウドに入れるとなったら、ものすごくきついファイヤーウォールで守らなければならない。情報のダウンロードや印刷はもちろん禁止です。今は、各省庁のプラットフォームがガラパゴス状に切れているので、かえって外国からは侵入しにくくなっている。では、政府クラウド全体を誰が管理できるのかと言えば、恐らく日本企業じゃ無理でしょう。Ａｐｐｌｅなんて時価総額４００兆円で、日本のＧＤＰ５００兆に匹敵する大きさですよ。国際水準では中小企業ばかりの日本企業が太刀打ちできるはずがない。日本企業の総力を結集してコアのデータ管理だけは日本製の技術で行うけれども、システム全体の構築と管理はＧＡＦＡを使うしかないでしょう。髙見澤さんが言われたように、システム全体の構築を国産にする意味があるとは思えないですよね。国産の部分は、米国にも簡単には見せられないデータの管理部分で出てくると思いますが。

その時に大事なのは、情報を扱う人間の適格性を審査するセキュリティクリアランスです。ファイヤーウォールはどんどん技術的に強くなりますが、一番弱いのは人間なんです。スノーデンのように内部の人がＵＳＢを差し込めば、ファイヤーウォールには意味がありません。防諜をやってる人たちから話を聞くと、家族が病気でお金が要るとか、敵はそういう弱みのある人間を狙ってくる。酒、博打、女、薬、借金などを見るわけですよ。あとパスポートで何回外国に行ってるか、預金通帳に不審な金が入金されていないかも見る。家族の分も見る。そこから中国やロシアや北朝鮮とつながっていないかを確認する。これは、アメリカではすごく厳しく見ると言われていますが、日本はまだそんなに厳しくない。こういう仕組みは作らなきゃいけない。

髙見澤　その点については、個人の努力に任せるのではなく、ルールとして確立しておけば、それなりに効果はあります。同時にそのシステムが壊れるということも考えた上でやらなければいけない。徹底してセキュリティを強化することと利用可能性のバランスを考える必要がある。常に悩ましい話なので高度なレベルでの判断をする、リスクアセスメントをきっちりした上で、そのリスクが顕在化した時にどうするかということも含めて判断することなんだろうなと思いますね。ウィキリークスを含めていろんなデータが流出していますが、絶対に外に出ないものもあるわけです。そこは二重の守り、三重の守りをどの部分に作るかということだと思います。

いずれにしても、日本でそういうシステムを作るためには、小学校、中学校、高校からのインテル・リテラシー、情報の読み方・使い方として、ある種の約束事は守るという文化が必要になる。日本の災害対応における我慢強さみたいな形で、そのようなインテリジェンスに関する日本人のカルチャーがどうしたら作れるか。それがないとなかなかそういうシステムは回らないんじゃないかという気はします。

兼原　そうですよね。

高見澤　だからこそ、サイバーセキュリティとセキュリティクリアランス制度について、新たな、ある種の現実的な提言が非常に求められている。経済安全保障法制の成果を活用して、それに上乗せしながらやっていくというような感じですかね。兼原さんと二人でいつも同じようなことを議論していながら、なかなか実行に移されない。

兼原　もう10年ぐらい同じ議論をしています（笑）。

国家安全保障局長だった北村滋さんが準備した経済安全保障法制の一つに、重要インフラ防護があります。国家レベルのシステムを管理している企業は、システム導入に際して、ベンダー（下請け）も含めて精査してから入れろ、となっています。要するに「西側の会社から買え。中露は入れるな。ゼロリスクだ」っていう話なんです。それはそれでいいんですが、最近、情報処理はハードウェアではなくソフトウェアの仮想空間でなされています。日本のサイバーセキュリティは、消防署レベルの個別事案対処はこなせますが、戦争のような大規模事案にはとても対応できる仕組みになっていない。烈度の高い有事を考えれば、日本の仮想空間は丸裸です。下半身のハードウェアだけ鋼鉄のパンツをはいて、上半身のサイバー空間は裸というのが今の日本の状態です。

重要インフラを担う、例えば電力会社などには、年に何回かハードウェアのシステム検査が入ります。しかし、サイバーセキュリティにはそういう仕組みがない。サイバーセキュリティは民間の責任であり、政府は指導するってことになっていますが、このアンバランスを放置してはならない。サイバーセキュリティの担保についても重要インフラを担う民間企業には法的義務をかけて、政府が検査に入らないといけないところに来ています。

髙見澤　そう思いますね。

1万人規模のサイバー軍を

兼原　重要インフラも、やっぱり政府クラウドに入れないといけないと思いますが、この政府クラウドを守るにも防人《さきもり》が要る。他の先進国では、一種のハッカー集団であるサイバー軍が政府全体と重要インフラのサイバー防衛も担当しています。アメリカなら万単位でいますが、うちは未だに全部で数百人といった規模感です。

アメリカの人に、「どうやって優秀なハッカーを集めているの?」と聞いたら、学歴不問、体力不問で、小学校の頃にはすでにドロップアウトして家でハッカーやってました、というような子でもかまわない、純粋にハッカーとして優秀な人材を集めるのだ、と言っていました。

憲法21条の通信秘密の保護とか、不正アクセス禁止法の議論をする人がいますよね。

聞いていると、昭和前期の治安維持法の時代の議論で、議論の前提が古い気がします。私人の会話が盗み聞きされるような話をしていますが、現在では実際にものすごい量の情報がデータとなってダムの放流のごとく流れていて、そんなものは到底見切れない。1日分のデータだって、人間が読めば数億年かかる。だから、情報の洪水を1回スパコンに放り込んで、ざざっとログを見ていく。すると、やっぱり外国のマルウェアには特徴があるらしいんです。「これは北朝鮮のスパイウェアっぽいな」とか。この敵のウィルスをどんどんデータベースに蓄積していく。同時にそのスパイウェアを送り込んできた敵の発信元を特定します。アトリビューションと言います。そしたら今度は、敵の暗号を読んで、敵のコンピューターの中に入っていって警告し、反撃する。これが積極防衛（アクティブ・サイバーディフェンス）です。

相手のコンピューターの中にバリバリと入っていくのは通信秘密の保護を侵している、とかいう話になるんですけど、入っていくのは敵の軍や情報機関です。しかも、こっちにウィルスを毎日送って攻撃してきている機関です。やり返すのは正当防衛だし、国民の権利保護は関係ない。むしろ国民の権利保護のための措置です。世界中どこでも、軍同士は暗号解読が仕事です。最近は、先進国ならどこの国の軍隊でもサイバー空間で、これを毎日やっている。自衛隊に他国の軍隊のコンピューターの暗号を解読してはいけない、他国のコンピューターに入ってはいけない、というのは、サイバー空間で仕事をするなということに等しい。ここでは国民を守る憲法21条は侵してないし、現状のように不正アクセス禁止法を自衛隊にかけるなんて常識外れですよ。お巡りさんに素手で拳銃強盗を捕まえろというのと同じです。この議論には早く決着をつけて、自衛隊のサイバー軍を1万人くらいの規模にしないとダメです。今は桁が二つ違う。技術も、人材も、お金も、スパコンも、優れた民間企業もある。ないのは政策と政府の意思です。

髙見澤　オーストラリアにしても、確か2000人ぐらいの規模は持っていると思います。アメリカは何万人という単位だし、フランス、ドイツも1万人に近い感じ。予算もぜんぜん違います。

2018年に笹川財団が出したサイバーセキュリティに関する提言に、9個のベンチマークが示されています。①国家戦略に政府の主導的な役割が明記されているか、②様々なサイバー攻撃への対応が一元化されているか、③機動的なサイバー攻撃対応体制が整備されているか、④政府によるサイバー脅威情報の収集を認める法律があるか、⑤重要インフラ事業者にサイバーインシデント報告義務があるか、⑥重要インフラ事業者にサイバーインシデント連絡担当者の必置規制があるか、⑦政府によるプライバシー侵害を監視する機関があるか、⑧サイバーセキュリティ機関が実施する産業育成プログラムがあるか、⑨サイバーセキュリティ機関が実施する人材育成プログラムがあるか。要するにベンチマーク九つの全部が日本はバツか三角。他の国は全部、丸か三角で、イギリスは全部丸になっているという感じです。

イギリスの情報機関に関する規制は、9・11テロの時にそれまで何でもやっていたことが分かったので、さすがに何でもやるというのはあんまりだろうということで法律を導入したものだと理解しています。つまり、行き過ぎたので規制する、ということです。何もやっていないから規制も体制も何にもないという日本とはまるで違う。また、他の国では、治安機関と情報機関と軍の一体的な運用が確立していますが、日本の場合はそれがずっと分離されてきた。その差はものすごく大きい。

兼原　自衛隊に大きなサイバー軍を作り、そこにスパコンを入れて、日本中にセンサーを置いて集まる情報を集約して読み込ませる。マルウェアの侵入を監視し、政府や重要インフラを防護する。そのためには、スパコンを使って敵のスパイウェアをつまみ出して、発信元を特定し、敵の暗号を破って、敵のシステムの中に入ってやり返す。ここまでやるのが普通で、これがあるから今、ウクライナは安全なんですよね。なかったら電気も通信も止まっているでしょう。台湾有事になったら、中国の攻撃で沖縄は電力が止まるかも知れません。

でも自衛隊法には、平時の自衛隊は自衛隊しか守ってはいけないと書いてあるんですよ。これも変える必要があって、少なくとも政府クラウドの中の重要インフラ全体は守って貰いたいので、その権限を与える必要がある。

高見澤　そうですね。

兼原　内閣にサイバーセキュリティ局を作ればいいんです。危機管理の事態室と同じ仕組みの組織をもう1個作ってサイバー専門にする。今のように地震から防災からミサイル対処まで何でもやっている危機管理監にサイバー防衛をぶら下げるのは無理ですよ。サイバー危機管理監のポストを新たに作って、その下にサイバーセキュリティ局を付けて、現在の内閣サイバーセキュリティセンター（NISC）を発展解消して、そっちに移せばいい。その下に、内閣衛星情報センターみたいに十分な規模の自衛隊のサイバー防衛隊に兼務になってもらって、サイバーセキュリティ情報センターをぶら下げて、仕事を自衛隊のプロにドンと落とす。自衛隊員には内閣官房兼務になってもらう。そうすると、能力のある自衛隊のハッカーが日本全体を平時から守る形になります。

内閣官房のサイバーセキュリティ局本体は、200人程度の小さな組織で構いません。①民間企業のサイバーセキュリティ監督のための民間サイバー防衛部、②サイバー犯罪対処のためのサイバー治安部、③有事対処のサイバー防衛部、④科学技術部を置けばよい。サイバーセキュリティ局が統幕で、サイバーセキュリティ情報センターが実働部隊の陸上総隊といった感じにすればよい。

多分これで動く。スパコンは1基30億か40億、衛星情報センターには年間600億はかけているので、それよりはずっと安い。また、サイバーセキュリティ情報センターには、プロの自衛官だけではなく、システム管理のために、民間のエンジニアに大勢来てもらう必要がある。先ほど申し上げたように基幹のプラットフォームはアメリカ製で、コアのデータ管理は国産のシステムにするのがいいでしょう。ホワイトハッカーの実働部隊は自衛隊のサイバー防衛隊。他方、内閣官房のサイバーセキュリティ局の方は警察から金融庁から総務省から経産省から防衛省、外務省まで、各省の俊英が集まってくるというイメージです。

髙見澤　内閣衛星情報センターは内閣官房に設置された非常に大きな組織で、内閣情報官の下にありますが、兼原さんが指摘されたとおり、自衛隊の色彩が濃厚です。自衛官の存在がどういう形で担保されているかというと、当時、財務省の理解も得て防衛省の情報本部の中に「衛星情報センター連絡室」という基盤を作って自衛官を配置し、衛星情報センターの兼務にしたわけです。実態を言えば、防衛省の衛星情報センター連絡室員は全員内閣官房の衛星情報センターに勤務している。そういう形で組織的な一体性を担保しつつ発足したわけです。そのイメージは確かにあるので、全政府的な組織を内閣の中に設けるという枠組みになるのではないか。兼務や出向をうまく利用して、それを内閣官房の総合調整機能の中で生かしていく。予算も内閣官房のほうに付けることでフレキシビリティを確保していくと。

人材も集めやすくなるかも知れません。今日の議論にはちょっと出てきませんけれども、いわゆるインフルエンスオペレーション、相手のディスインフォメーションに対してどう対抗するかというような機能をどこに持たせるかという話もありますし、対外諜報庁みたいな話もあります。今ある衛星情報センターとサイバーセキュリティセンターをどういうふうにつなぐかというテーマもある。そのすべてに人材の問題が関わってきます。その意味でも、私は個人的には内閣官房に全部集めたほうが調整しやすいし、組織的な一体性も確保しやすいと思います。その意味で兼原さんの考え方に賛成です。もちろん具体案については対案を含めて多角的に検討する必要がありますが。
ただ、ＮＩＳＣのセンター長というのは、私もやってましたけれども、国家安全保障局次長と事態室も兼務しているので、リンクを図るという意味ではいいんですけれども、やっぱり専従的な要員はしっかり確保されなければいけない。
兼原　サイバー危機管理監を専従にして、髙見澤さんがそのお立場にあった事態対処・危機管理担当の内閣官房副長官補が、その一つ下のレベルになりますから、ＮＳＣと事態室とサイバーセキュリティ局を兼務して、それぞれの組織をつなぐリンクの機能を果たすというふうにするんだと思います。そうして分けないと忙しすぎるし。内調との連絡も防衛省からくる副長官補が担当すればよいと思います。
髙見澤　そうですね。次章のテーマでもある戦略発信とかもそうですが、内閣官房の中をどういうふうにオペレーショナルな組織にしていくかということを考えなければならない。
曽我　その整理はやっぱり政治家の仕事だと思います。先ほど髙見澤さんが、情報の共有にしても本当のことを言ったほうがいいという文化になったとおっしゃったじゃないですか。そういうのを残すためにいろんな議論をし、制度を変えようとしているんだと思います。私が興味があるのは、それが不可逆的なものなのか、それとも総理が替わるとまた戻ってしまうようなものなのか、という点です。そういう仕組みについて議論されているのは、元に戻しちゃまずいから制度的に担保しようという発想からなんですかね。

高見澤　そこは、まだ達成できてないところだからそれをちゃんとする必要がある。要するに欠落事項という感覚です。

兼原　総理大臣が入れ替わると、新しい総理は当然自分に忠誠を誓うチームを連れてきたがる。官邸のスタッフが入れ替わると、総理官邸は初期化されちゃうんです。昔は、総理が替わっても副長官以下の官僚スタッフはあんまり替わらなかったんですよね。官のサイドで継続性が担保されていた。政権政党が変われば別ですけど。今は政権が変わると官邸官僚が全部入れ替わるので更地に戻ります。しかも日本の総理の政権寿命は短い。平均すると2年以下です。だから、官邸指導部が初期化されてもいいようなハードディスクとなる内閣官房の組織を置いておかないといけない、という感じです。

高見澤　ソフトは変わってもいいんだけれども、データベースとか、いろんなノウハウというのはいつでも取り出せるようにするという感じにしないとまずい。

曽我　よく分かりました。

兼原　米国の政と官の関係はよくできています。ホワイトハウスなんか、政権が変わると幹部職員全員が入れ替わる。しかし、米国政府はトランプが大統領に来ても全く壊れない。政府に引き続き残っている官僚機構は新政権チームと十分な政策のすり合わせをして、何を継続させて、何を変えるかを綿密に打ち合わせている。日本では変な人が総理になったら総理官邸は崩れます。ああいう形にしないといけないと思うんです、日本の官邸も。

（注：2022年12月に策定された新たな国家安全保障戦略においては、「サイバー安全保障分野での対応能力の向上」がうたわれている。その中では、「能動的サイバー防御を導入する」「内閣サイバーセキュリティセンター（NISC）を発展的に改組し、サイバー安全保障分野の政策を一元的に総合調整する新たな組織を設置する」「これらのサイバー安全保障分野における新たな取組の実現のために法制度の整備、運用の強化を図る」「同盟国・同志国等と連携した形での情報収集・分析の強化」などを含む方針が明記された）

第六章　メディアと戦略コミュニケーション

兼原　次に官邸とメディアの関係、それから官邸の戦略コミュニケーションというテーマに移りたいと思います。これは曽我さんからお願いします。

曽我　報道する側からすると、官邸が世論に敏感になること自体は歓迎すべきことです。政権の存亡だけでなく、政策の立案や遂行の誤りに気付けるか否かも、そうした民意へのセンサー機能にかかっているからです。ただ、その点で我々政治メディアが、官邸主導が進んだ権力と関連の省庁、プレ権力としての野党、そして政権奪取に向けた論争の場である国会など、変わりゆく政治の実態をきちんと追える報道体制に切り替えられたかと言えば、正直反省ばかりが残ります。

冒頭で平成に入ってからの政治改革の話をしました。事前調整型から事後検証型へと政治の仕組みを変え、政治主導と二大政党制という目標を掲げたわけですが、どうもその流れを推し進めるはずの政治メディアが事前調整型の昭和のやり方に染まったままだったことは否めません。

政治メディアの制度疲労

曽我　政治メディアはずっと、55年体制の自民党長期政権時代を前提にしたままでした。政治記者は、若い時から特定の自民党の派閥の担当になる。優秀だと思われた記者は、その中のこれから伸びそうな政治家をあてがわれて仲良くしていく。政治部での自分のポストが上がるのと一緒にその政治家も幹事長とか官房長官、場合によっては総理にまでなっていく。結果的に偉くなった人から情報を収穫するわけです。

ただ、肝心の聞く内容は、「明日どうするのか」というようなことばかりで、中長期の国のビジョンではなかった。自分もある時期そうだったから反省して言っているんです。これは政治メディアが現実を追いきれなくなった一番の理由だと思う。視野を狭くする番記者制度とか記者クラブ制度を批判するのは、私は大事なことだと思っています。

政治が変化する一方でメディアの構造が変わらない中、政治記者は二つの両極端なモデルに分離してしまったのではないでしょうか。一つは、権力監視じゃなくて権力批判をすればいいんだという反権力志向の記者。もう一つが、特定の権力者と一緒に偉くなってきた上で「明日どうするのか」を聞き続けている記者です。

よく、取材過程で「官邸からの圧力があるのではないか」と聞かれますが、権力に抗するためには何より、権力が一番嫌がる「事実」を突きつける力をメディア全体で持つしかない。それなのに、実態取材よりも自分たちの論から現実を見ていく記者と、権力と一体化した上でトリビアルな情報に拘泥した報道を続ける記者の両極に分解した結果、かえって官邸主導が強まった権力を追い詰めることのできない報道が続いてきたというのが、私の正直な実感です。

本当に権力が嫌がる報道とは、実際に起きた意思決定の過程を後できちんと追っかけてそれを検証すること、政権の戦略や思惑を暴いて選挙での審判の材料になるよう有権者に示すこと、歴史的な評価を定めて、良い部分は継続してもらい、悪い部分は改廃を求めていくこと、だと思います。いずれも、論より証拠というか、あくまで事実究明が前提です。

例えば、先ほどコロナ禍対応の不全は、官邸主導が弱体化したからではなくその強さがかえって少数意見を吸収できない弱みにつながったという話をしましたが、やはり政権の功罪は長いスパンで評価しないと全体像が見えて来ない。熊本地震の際にはあそこまで修正能力を発揮できたのに、なぜコロナ禍対応では自治体の批判や不満を解消できなかったのか。森友・加計疑惑や忖度、隠蔽といった病理も、それが官邸主導の皮肉な結果であり、私は、末期の安倍政権が良い情報しか首相の元に入らない一種の「官邸病」に陥っていたと書いたこともあります。

ただ、それで官邸主導の功が消えるわけではない。今後の教訓にするうえでも、等しく功罪を検証しておかないと、せっかくの体験が完全否定と完全肯定の色眼鏡で見られてしまうことになりかねない。それこそ、勝てば官軍的な与党の意識と、否定と反対をすれば事足りるとする野党の意識を助長させるだけです。事実を的確に検証して記事化する地道な取り組みが読者や国民の共感を得る道だと考えます。

政治記者は政治家の指南役だった

兼原　ありがとうございました。私の40年間の官僚生活から振り返ってみると、政治報道は激変したと思うんですよね。

昭和の頃はまだ、官僚主導でした。課長が決めると大体決まっちゃうので、若い記者が政策を聞きに課長の席に来る。当時は役所も出入り自由だったので、極秘の書類がいっぱい置いてある課長の席の前に座って、「それでどうなってるの？　兼原さん」なんて聞かれる。政治記者は、政策絡みの話はそれをそのまま書いていましたね。

政局絡みのでかい話だけが、局長から上で決まっている。夜、局長が偉い政治家に呼ばれた料亭に書類を届けに行くと、政治家と局長がいて、極秘限定配布とされているはずの話を平気でしていて、それを横に座った新聞記者が聞いてコメントしているわけです。そこは別世界というか、政も官もメディアもない、何でもツーツーの殿上人の世界でした。偉い政治記者ってそういう世界の人なんだと、若い頃の私は思っていました。昭和の終わりの頃です。

そういう光景を見ていたので、機密保持法なんて絶対できないなと思っていました。戦前、ゾルゲが活躍できたのも、こういう雰囲気が総理官邸にあったからだと妙に納得していました。ただし、当時は官界が圧倒的に強く、官界から政界への組織的な情報提供は非常に限られていました。局長クラスが政治家にブリーフするのは、政局化する大案件だけでした。

平成中期までは、政界と官界は事実上切れていたので、政策を分かりやすく政治家にブリーフするのは、実は政治記者の役割だったんですよね。役人が行って、杓子定規に丁寧に説明しても、タスキをかけて駅前で国民に訴えるのが仕事の政治家の頭には入らない。それを分かりやすい言葉にして説明した上で、さらに「○○局長は敵対派閥の△△に近いから気をつけろ」とか「あの役所はこういう風に話をすれば動く」なんてアドバイスも一緒に貰える。政治記者は、政治家にとっては官僚操縦の指南役でもあったわけです。

それが、平成の間に何回か大きな政局があって変わってきた。政治主導になって、役人が直に政策を上に上げて政治決断を求めるようになった。かつてはブリーフと言えば課長の役割でしたが、それが局長の役割になった。局長が一生懸命、政策を政治家に説明しているわけです。そうすると課長は暇になる。つまらなくなりました。そして、情報や政策も局長が直に丁寧に上げるから、指南役の政治記者も要らなくなった。

それで政治記者は何をするようになったかというと、本当の政局屋さん、狭い政治業界の中のプレイヤーになっちゃった。さっき曽我さんがおっしゃったのも、そういうことだと思います。こうなると、各紙2面にある政治欄が政治業界のゴシップに特化した感じになってくる。外国の主要紙の政治面は、与野党の政治家同士が切磋琢磨して国民に提示する政策アジェンダを書くべきところです。狭い政治業界に特化した記事は、国民はもう読まないですよね。

私たち役人はなかなか政局の先が読めないので、政治記者の人の話を聞くとすごく助かるんですけれども、政治記者の仕事がそれだけでいいのかとはやっぱり思います。政治の最高レベルでは、政策と政局は一体で動いている。永田町の国会と霞が関の行政府でこの国が動いている。総理は双方を束ねているのだから当たり前です。なのに政治記事が政局解説一本というのはやはり寂しい。

政局を突き放して、10年先の日本を睨んで、この国の形をこうしなくていいのかというような世論を引っ張る議論が必要です。それを踏まえて政治家のちまちました議論を叩く機能が落ちている気がします。財政赤字や消費税増税なんて、格好のテーマだと思いますが。

曽我　本当にそう思います。

兼原　役人が弱くなり、国民世論が政策形成に与える影響がとても大きくなった。どんな総理でも支持率を毎日気にするようになった。政治家は国民世論にすごく敏感です。

だからマスコミの政策形成に介入する力って、実際はすごく上がっているはずなんですよね。ところが、実際にやってることは政局一本に矮小化されている感じがする。何か全体がねじれている感じがするんです。

曽我　正確に言うと、政策報道と政局報道が切れちゃってるんですよね。よくテレビでコメンテーターが「政局より政策ですよね」とか言ってるんだけど、私は全く理解できない。正しい政策を遂行するから政局が安定するわけだし、政局の安定のためには正しい政策が要るのだから、それを二律背反で捉えていること自体が本来おかしい。でも、政局というと、何かもう人間関係と派閥の損得だけで書いてしまう。その結果としてどういう政策が選ばれたのか、あるいはその政策の中でどういう軌道修正が図られたのかっていうのがなくて。一方は永田町人情噺プラスどろどろで、もう一方は政策ですって分けられていて、清濁が併せ呑めてないというか、清と濁が切り分けられている。

政治記者のキャリアパスに変化

兼原　これからメディアはどう変わるんですか。そもそもマスコミ自体がすごく変わってるじゃないですか。SNSの影響力が上がっている。若い子が新聞を買わない。地上波はコメディアンばっかりになって、真面目な番組は全部BSでやってる、とか。

曽我　遅ればせながら、最近の若い記者を見ていると、明らかに政治記者のキャリアパスは変わってきています。私もそうでしたけど、新聞記者になると最初に地方に行って、20代後半ぐらいに東京に戻ってくる。政治記者になって、サブキャップになるまでって5～6年しかない。若い実働部隊でいるのって、実はそのくらい。自民党がずっと政権を取る前提で、特定の派閥だけやってても食いぶちがあると思っていたから、以前はそれでも成り立っていた、というのが正直なところです。

でも、5年か6年しかない政治記者の若手時代に一つの派閥をずっとやっているのは明らかにコスパが悪いので、今は若いうちに一人で与野党を回って全体像を書けるように育てる。官邸、与野党、国会、省庁で取材体験を積んで、もう一度、官邸を取材すれば、見えてくるものが違うんです。若いうちは取材メモしか書けないなんて、今の時代では昔話か笑い話でしかない。だから、可能性があるとしたら、政局と政策、権力と批判勢力、その政治全体を一人で書ける記者が誕生して、彼や彼女の書くことなら権力も耳を傾けるしかない、という風になることでしょうか。固有名詞で売れる記者です。

でも、そうなると政治記者の育て方や組織論そのものが変わらざるを得ない。自民党の派閥が確立したのは岸信介《のぶすけ》・石橋湛山《たんざん》の総裁選以来と言われるんですけど、派閥担当記者が増殖した結果、政治部は極端に増えて、それからずっと40~50人はいる組織が続きました。その前の昭和20年代って、政治部には朝日新聞でも20人ぐらいしかいなくて、鳩山一郎と吉田茂と両方から話を聞いて書くというのが珍しくなかったそうです。

でも、そのほうが結構、面白い記事を書けたりするんですよ。権力者だって、敵対勢力を含む全体像を見極めている記者の方が怖いに決まっている。つまり、派閥担当記者、自民党の派閥を前提にした「番記者」的な成り立ち自体が今の政治状況にそぐわなくなっているんです。首相の強い指導力を元に自前の政策、外交を行う官邸主導の時代にあっては、権力取材を自給自足できる政治記者を少数精鋭でどう作っていくか、というふうに明らかに変わってきているわけです、前向きに言えば。

髙見澤　私は最近の報道を見ていると、ずっと特定分野の論説を書き続けている人の記事については、読んでいても、「ああ、これ結構鋭く分析しているな」と感じます。読んで印象が良い記事は、割とそういうケースが多いんですね。

政治の監視と批判ということで言うと、批判ばっかりしてもしょうがないというのはよく分かるんですが、一方でメディアの役割としての提言機能的な部分というのはどう位置付けられるのでしょうか。

曽我　今回の参院選で言うと、与野党の勝敗予想や選挙後の政局展望だけを書いていても、読者や有権者の関心が高まるはずがない。例えばロシアのウクライナ侵攻や物価高などの状況を踏まえ、政策的に本当はこんなに大きい選択の機会なんだよって書いてみるのも、一つの提言でしょう。一方、実際に大きく動いた過去の参院選の例を書いた上で、それを、ただ歴史のお勉強じゃなくて、この時はこういう条件がそろったから政局が動いたんだ、と分析してみる。それを今回の参院選と比べてみて、岸田首相は宏池会《こうちかい》だから30年前の宮澤首相、あるいはそれこそ所得倍増と寛容と忍耐の政治を掲げた60年前の池田勇人《はやと》首相の時はどうだったのかを示し、この参院選はもっと歴史の節目になる可能性を秘めたものなんだ、こういう論争をすべきだ、野党に足りないのはここなんだって書くのも、一つの提言だと思います。

政策面での提言というのは分かりやすいですけど、それと政局が切れちゃうと、政局報道の方は、「勝ったら岸田さんは黄金の3年間を手に入れる」というような、これまた政局展望的なものばっかりになってしまう。岸田さんが何をやればいいのか、もっと具体的に中身を語れ、などと道徳的に書いても何の説得力もない。なぜいつも検討止まりなのか、この先ずっとそのつもりなのか、といった有権者の疑問に応える検証も含めて、きちんと選挙の前に情報として提供することが、提言機能を持つ政局プラス政策記事という考え方なんです。

高見澤　非常によく分かりました。

官邸の戦略的コミュニケーション

兼原　次に、広い意味でのメディアの問題になりますが、政府としての戦略的コミュニケーションの話に移りたいと思います。

イギリスやアメリカの戦略的コミュニケーションって、我々のイメージとはちょっと違っているな、というのが私の印象です。彼らは、共産圏でよくあるフェイクニュースはやりません。かといって安っぽいプロパガンダやしゃっちょこばった政府広報でもなく、国際ジャーナリズムの本流を取りにいき、自分たちのナラティブで世の中の流れを作ってしまおう、と考えます。国際世論全体を味方にしようとする。そのために必要であれば、インテリジェンスの集めてきた情報も情報源が分からないようにして公表して使う。そういう感覚です。中国やロシアは平気でプロパガンダやフェイクニュースを出してきますが、英米にはまともなジャーナリズムの伝統があるので、ウソをついてバレたら大事になる。だから、本当のことをぐいぐい言いながら攻めまくる、という感じでしょうか。

これって英国や米国の独特のやり方です。今回のロシアのウクライナ侵攻前にも、米国はいろんな機密情報を大量に出しているわけです。「ロシアは侵略するぞ」って言いまくっていた。でもフランスもドイツもゼレンスキーも本気にしなかった。本当に侵略したので、「ほら、言った通りだろ?」となった。プーチン大統領の方は、ウクライナが先に手を出したとか、戦術的なフェイクニュースを一生懸命流していましたが、国際世論は相手にせず、そんなものは一瞬で消し飛んでしまった。

あの戦略コミュニケーションのやり方を私たちも覚える必要があって、これをやらなくちゃいけないと思うのが一つです。あと一つは、中国とロシアのプロパガンダとフェイクニュースを徹底的に潰していくことです。最近はSNSですごい量のフェイクニュースが発信されていますから、それこそ、先ほど申し上げたサイバーセキュリティ情報センターのスパコンに回して、フェイクニュースをガンガン拾い上げて潰していかなければならない。プロパガンダの世界は情報を出した者勝ちなので、たとえ偽情報でも、黙っていると量で負けます。

日本は戦前から、戦略コミュニケーションがダメですね。第2次上海事変から南京攻撃に至る際、上海近郊の破壊された駅の線路で子供が一人で泣いてる写真がアメリカで流通して、反日運動に拍車がかかりました。蔣介石は、プロパガンダに徹底的に画像を使った。写真を見た瞬間に普通のアメリカ人は「日本は残虐だ」となってしまう。宣伝戦で蔣介石に完敗したわけです。ウソについてはしつこく「嘘だ」と言い続けなければなりません。ところが日本陸軍は、「言挙げせぬは武人の習い」との立場に終始して、誰も読まない分厚い広報資料を地道に作っていた。とても正確な資料だったようですが、誰も読まなければ作る意味がない。

現状の制度上の問題は、外務省、防衛省、内閣官房において、政策部局と広報部局が切れていることです。NSSも内閣広報官組織とあまり付き合っていない。外務省の総合外交政策局と外務省報道官組織、防衛省の防衛政策局長と統幕報道官もあまり付き合ってない。しかも戦略コミュニケーションという切り口では、そもそも官邸、外務省、防衛省・自衛隊の三つの組織同士も付き合いがない。要するにばらばらなんです。

政策が先に決まらないと広報内容は決まらない。だから、政策が決まったら、内閣官房と外務、防衛、自衛隊で1回集まって政策的に広報内容を考える必要があるんです。谷内（正太郎NSS）局長は戦略コミュニケーションに関心があったので、1回だけ総理に上げたこともあり、「やろう」という話になったんですけど、他の業務に忙殺されて結局、何もやってない。

本当に戦略コミュニケーションをやろうと思ったら、政府全体で意思統一する専門のチームがいります。5人から10人でいいと思うんですけど、内閣官房戦略広報室とでもいいますか。今の広報室は総理の記者会見などを担当して、突然地震が起きたら夜中2時に総理記者会見をセッティングする、というようなことをやってますから、戦略的な広報は別チームにしないと回らないでしょう。「この政策をアピールするにはBBCを10秒借り上げよう。英国がG7議長だからロンドンから総理メッセージを発信しよう」みたいなことを絶えず考えている別チームがあった方がいい。

戦略コミュニケーションの最大のツールは総理です。安倍総理がやった「自由で開かれたインド太平洋」構想というのは、日本外交始まって以来、初めてのホームランでした。世界史の流れを変えた。先日、ビクター・チャ元米NSCアジア部長が、米国の報道で、戦後、本物の外政家と言える日本の政治家は、吉田茂と安倍晋三だけだと言っていました。こういう高い視点、大きな枠組みで、イギリス・アメリカ型の戦略広報をやらなくちゃいけないと思うんですよね。

髙見澤　岸田さんが「自由で開かれたインド太平洋」をさらに発展させるというイメージは、兼原さんにはありますか。

兼原　岸田さんの防衛・外交路線って、基本的に安倍・菅路線です。私、岸田総理とはあんまり接触はないですけれども、ものすごく良い人なんですよね。権力関係のバランス感覚が良くて、宏池会のドンという責任意識が強い。指導者としては恬淡として国務をこなすタイプです。やるべきことを逃げずにやるという指導者だと思います。永田町の権力闘争に生きがいがあるって人じゃない。

曽我　岸田さんって、「宏池会はリベラルだから」って言うとものすごく怒るんです。「違う。保守だ」と。その点がここまでのメディアにおける岸田論には抜け落ちている。

5年前、岸田さんが政調会長で総裁選に出られなかった時、産経新聞でインタビューを受けています。そこで「宏池会って何だ」って聞かれて、答えたのが「徹底した現実主義」ということでした。つまり、激変する時代にちゃんと向き合う、ということです。岸田さんにとって大事なのは向き合うことで、その意味では外交は安倍政権の路線でぜんぜん構わない。

でも、彼にはそれを妥協してやっている気持ちが全くなくて、どっちの向きに行くかは別にして、向き合ってちゃんと答えを出す。だから「憲法改正やるんですか」というような問いの立て方が、岸田さんには意味が分からない。時代が激変し、憲法改正ができる状況になって、なおかつ周囲の意見とか聞いた上できちんと答えを出しましょう、というのが岸田文雄という政治家の発想です。じゃあ、それはレガシー作るんですかって聞いたら、恐らく岸田さんは分からなくなっちゃうんです。できることはやります、できないことはやりませんというだけなので。

そういう点では、岸田さんの官邸主導はまず理念目標ありきの安倍氏とは明らかに違う。さりとて昔の竹下さんみたいなタイプの調整型かって言ったら、それともまた違う。やはり昭和ではない、平成以降の政治改革を経た後の時代の子です。

兼原　違いますよね。

曽我　安倍氏と比べたらリベラルで調整型だと思って期待した人たちは結構ショックを

受けてますよね、頑固だから。これもレッテル貼りの悪弊みたいなもので、やはり冷静に実際の岸田官邸の意思決定を検証していくしかないと思います。

第七章　内閣官房と内閣府の役割分担

第七章　内閣官房と内閣府の役割分担

兼原　最後に、官僚のテクニカルな議論になるかも知れませんが、内閣官房と内閣府の役割分担の話をしておきたいと思います。この二つの違い、外国人に言っても分かって貰えない。

佐々木　役所の人以外は分からないですよ。

兼原　でも、これって内閣の運営上はすごく大事なことですよね。内閣官房は、自分がいたから分かりますが、でっかい社長室みたいなものです。内閣官房とよく言いますが、ここでの内閣とは総理のことです。総理が主宰する日本政府最高意思決定機関が内閣だから、総理官房と言わずに内閣官房と言います。官房とはありていに言えば秘書室のことです。だから、内閣官房とは、普通の会社に喩えれば、社長室と社長秘書室のことです。

一方、内閣府というのは、内閣官房で抱えられない業務を下ろす子会社です。あるいは総務部。内閣官房は政治絡みの大きな案件の調整しかしません。普通に予算や法律の運用が必要な業務は抱えられない。だから内閣府に仕事を下ろすんです。位置づけは他の省庁と同等です。これは面白い組織で、次官は1人なんですが大臣が4～5人いる。しかも、その大臣がいろんな分野の兼務になっている。仕事をここに下ろしちゃうと、総理や官房長官の視野から消えますから、政府の中でのプライオリティがスーッと下がるんです。内閣官房が引き受けているのは全省庁にまたがる仕事なので、内閣官房から内閣府に下ろされてくる仕事をこなすには、全省庁に横串を刺さねばなりません。しかし、一府庁である内閣府の言うことを、他の大官庁はそう易々とは聞きません。財務、外務、経産、国交、総務、厚労、防衛等の大官庁は、自分自身が強力な大臣を抱えていますから、なかなか内閣府主導で政府全体を動かすのは難しいんですよね。

問題は海と宇宙

兼原　私が最近、これを強く感じているのが、総合海洋政策推進事務局と宇宙開発戦略推進事務局なんです。どちらも総理を本部長とする総合海洋政策本部と宇宙開発戦略本部の事務局なんですが、かつては内閣官房にありました。それが安倍政権末期に内閣府に下ろされてしまった。

もちろん人の問題もあります。かつては総合海洋政策推進事務局長を出す国交本省が力を入れてくれたおかげもあるんですけど、羽尾《はお》一郎局長のような強力な次官クラスが来ていたわけです。彼らはすごい勢いで政府の海洋政策を動かしていく。海洋の安全保障、海洋状況把握（MDA）、離島政策、洋上風力発電といった分野がずいぶん進みました。

宇宙開発戦略推進事務局は、経済産業省から事務局長に歴代精鋭が送り込まれてきており、準天頂衛星の打ち上げや、米国防総省との協力覚書の交換や、政府の宇宙衛星打ち上げ計画を取りまとめたりした。そして、日本の宇宙産業に大きく貢献しました。

この海洋本部と宇宙本部の仕組みは、武見敬三、前原誠司、河村建夫、石破茂といった人たちが超党派で集まって作った珍しい政治主導の組織なんです。総理から直接参与に任命された知識人たちが、総理の意を受けて、大きな政策的方向性を報告書に取りまとめる。それを受けて総理が本部長の総合海洋政策本部とか宇宙開発戦略本部が開かれ、政府全体を統括する「5か年計画」が立てられる。本部は閣僚レベルですから、その準備のために各省庁から俊英を集めて事務局が作られている。事務局は海洋、宇宙に関する政府の司令塔になる。本来、そういう仕組みなんですよね。

作った頃は多分そういうつもりだったと思いますが、最近の動きを見ていると、かなり形骸化しています。参与会議も政府の言うことに箔をつけるための昔ながらの政府審議会に戻ってしまった。政府の言う通りのことを繰り返す鸚鵡《おうむ》のような知識人に、政府の政策を箔付けさせるだけなら、そんなものは必要ない。志ある参与はみな現状に憤慨しています。

要するに、各省庁の政策をただホッチキスして、参与はそれにはんこを押すといった感じで動かしてるわけです。それでも、昔は内閣官房にあり、官房長官に直結でした。外政担当の副長官補や国家安全保障局と一緒に官房長官に説明に行っていたわけです。最後は本部長の総理にアポを取って説明に行く。その権威があるから、各省庁が言うことを聞くんです。官房長官に上がることになると、大官庁の幹部もみんなビリッとします。ところが内閣府だと、いま海洋大臣って誰だっけ、宇宙大臣って誰だっけって、なりますでしょ。

なぜこういうことを言うかというと、海洋政策と宇宙政策は、国家安全保障直結の分野だからです。例えばＭＤＡ。昔は、総合海洋政策推進事務局は、全省庁まとめてＭＤ

Aをやると言ってたんです。実際、何回もその旨を閣議決定した。しかし、その後いつの間にか、MDAはどこかに行ってしまいました。MDAには公開情報を扱う部分と、軍事的な機密情報を扱う部分がある。だから総合海洋政策推進事務局と国家安全保障局が二人三脚にならないといけない。また、総理や官房長官との関係が切れた以上は、今度は海洋大臣が毎回の参与会議に出るとかしないと、政治のリーダーシップから切れてしまう。そうしないと司令塔機能が完全に死んじゃいます。

宇宙開発戦略推進事務局はまだ頑張っている方ですけど、宇宙も官邸から切れちゃってます。航空自衛隊がようやく宇宙戦略に乗り出しました。どこの国でも宇宙開発政策は国家安全保障政策と一体です。戦後初めて日本で宇宙開発と宇宙安保政策が同時に動き始めたのに、宇宙開発戦略推進事務局が内閣府に下ろされたことは残念です。

先ほど申し上げたように、宇宙開発戦略本部の活躍は、これまで目を見張るものがありました。安全保障関連衛星として光学、レーダー偵察衛星に続いて、測位衛星である準天頂衛星「みちびき」を上げた。安保関連衛星なので純国産でやれる。WTO（世界貿易機関）違反にならない。加えて10年間ペンタゴン（米国防総省）に通って、ペンタゴンの契約まで取ったわけですよ。今、ちっちゃいセンサーを載っけてます。国家安全保障局と協力して、宇宙開発関係の科学者や、宇宙産業や、航空自衛隊との協力が円滑に進むような体制もできつつあった。しかし、その関係もまた薄くなってしまったのではないでしょうか。宇宙とか海洋とか、やっぱりオールジャパンでやるべきところは官邸から直に見ていかないといけない。

曽我 でも、危機感を持って動かすとしたら、やっぱり官房長官ですよね。

兼原 そうなんですよ。細かい指示はいらない。国家最高レベルで関心を持ってみているという形だけでもいいんです。宇宙本部は経産省、海洋本部は国交省の旧運輸省が仕切っていて、両省とも初めは本気だった。出向人材も良いのが来ていたし、予算も取れるし、各省庁ににらみも利く。でも、最近では活動レベルが下がってきた。

今のままでは作った意味がない、なんて言ったら髙見澤さんに怒られますけど意味が相当落ちてると思うんですよね。創設者の国会議員の方々にも申し訳が立たない。こういう国家レベルの話は官房長官が直轄で仕切らないと困ります。実際には細かいことを仕切る必要はなくて、国家戦略レベルの重要事項だけ見ていればいいんです。官房長官のところに行くぞと言って脅かせば充分影響力は出てくる。要は政治指導者が本気になってくれればいい。国家安全保障局も海洋政策と宇宙政策には目配りしてほしいです。

佐々木　前から内閣官房と内閣府の関係は気になってました。

兼原　内閣府は財務省が歴代次官を出して仕切ってますよね。

佐々木　歴代という訳ではありませんが、たまたま私が内閣官房にいる時、私の同期が内閣府の官房長をやっていて、その後次官になりました。内閣官房と内閣府の二つの関係を感覚的に説明するのに、二通りの表現を聞いたことがあります。一つは、内閣官房は各省の上にあって、総合調整機能を持っている。内閣府は内閣官房と同じく総合調整機能を持っているが、基本的な位置は各省と同列である、と。復興庁はそれに悩んで、中間にしたんですよね。もう少し総合調整ができるように。内閣官房と各省の違いとしては、内閣官房は独自に職員の採用を行っておらず、各省からの出向者で構成されているのに対し、内閣府を含めて各省は独自に職員の採用を行っているという違いもあります。

もう一つは、内閣官房の中核は官房長官に直結しているが、内閣府は所管大臣が多数いて組織が分かれてしまっている、と。内閣官房は、様々な政権の課題のメインなところに横串を刺す。なぜそうするかというと、主要省庁を中心にして「やれ」と命じても、積極消極の権限争いが起きてすぐに動かないわけです。だから、内閣官房に各省から人を集めて、室を作って内閣官房が仕切るという形にする。でも、それが定常業務化してきたら、内閣官房もいつまでも抱えておれないので内閣府に移す。でも、内閣府はこれが不満なので、他の各省に移してくださいって言うわけですね。だけど、横串が刺さってるんで、なかなかすぐ各省まで行かないので、内閣府でやってねっていうことになるんです。そうすると、すごくまとまらなくなっちゃうと。だから、宇宙とか海洋というのが現下の課題であり続けているのなら、本当は内閣官房で仕切る話だったのかもしれませんね。

でも、内閣官房の組織図を見たら分かりますが、山ほど組織がありますよね。

兼原　いや、そうなんですよね。

佐々木　いつもスクラップアンドビルドしていないと全体がすごく重くなっちゃう。それで、もう巡航速度で行くんだという案件は手放してるわけですね。宇宙とか海洋は、その判断が良くなかった、と。

兼原　宇宙とか海洋は、国家安全保障に直結してますから。内閣官房において、日常的に国家安全保障局と協力するのが望ましいと思います。

「軍事をやりたがらない」宇宙コミュニティ

髙見澤　その点については、私もさほど意識していなかったわけですが、プランニング体系上、国家安全保障会議やその事務局たる国家安全保障局（ＮＳＳ）との連携を明確にして、そのガイダンスを受けるという形で、内閣官房がテコ入れをする。２０１３年の国家安全保障戦略では、海洋と宇宙については、戦略で指針を示すと書いてあるわけです。今回、経済安全保障法制で、国家安全保障会議の所掌事務に経済政策が入り、より広範な仕事をするようになったので、そこから手を伸ばしていく。内閣府に下ろしたけれども、手を伸ばして、少し首を引っ張るということを計画体系上きっちりと位置づけるような形にしていくようなやり方をしないと、非常に厳しいなという気がします。

ユーザーローカルという会社のソフトを使用して用語検索をかけ、頻度チェックをしたところ、宇宙基本計画はかなり国家安全保障戦略とのつながりが強いんですが、海洋基本計画は実はそれほどでもない。他の政府計画の中には全く出てこないというのもあって、技術に関連する計画では「総合的な安全保障」という言葉はあるが、安全保障単独のことは全く出てこないし、防衛も出てこない。安全保障や防衛の観点から諸計画の連携・リンクを制度的に担保する必要があると思います。

兼原　安倍政権下で国家安全保障局ができてから、NSSとしても宇宙、海洋、科学技術の三つとも手を付けようと思っていたんですよね。で、やってみたんですが、宇宙政策は学術界との関係が深く、そこでは一言で言うと「絶対に軍事はやりません」という世界で生きてた人たちが多くて、結構、苦労しました。

佐々木　宇宙って元々文科省でしたからね。

兼原　今世紀に入って、先ほど申し上げた政治家の方々が、与野党協力して宇宙基本法を制定して、これからは絶対平和主義一本ではなく安保もやるぞということにしました。宇宙開発戦略本部には、最近亡くなったJR東海の葛西敬之《よしゆき》会長をメンバーに呼んできて、安全保障面でも引っ張っていただいた。一言で言うとJAXA（宇宙航空研究開発機構）を安全保障の世界に取り込んだわけです。JAXAの中は割れていて、葛西さんがすごく指導力を発揮してくれた。今は、山川宏理事長の下で、安全保障にも理解を示してくれています。自衛隊の宇宙作戦隊の方もSSA（宇宙状況把握）を始めて、実務に乗り出しています。米国やフランスのような宇宙大国では、宇宙開発機構は、その国の空軍（米国は宇宙軍）と車の両輪のようになって動いています。日本でもようやくそれが始まる矢先でした。

この協力関係は脆そうで、文科省・JAXAと防衛省・自衛隊の協力関係が壊れちゃいけないというので、恐る恐るNSSで仲人に入ったんですよ。初めて呼んだ時には、まず文科省は「えっ、国家安全保障局に来いって言うんですか？　裏口から行っていいですか」みたいなことから始まり（笑）、防衛省の戦略室が空幕の宇宙作戦隊を連れてきて、「How do you do?」という感じで始まったんです。

ところが、実際に話をすると、お互いに「へえっ」て感心するような話が沢山あって、やっと協力関係が回り始めたんです。自衛隊の宇宙作戦隊が立ち上がったばかりだったので、そこに伝統のあるJAXAからいろいろ助言が行く。経産省から来た人たちも、青息吐息の日本の宇宙産業の活性化に熱心でしたから、安保の世界に食い込んで国産衛星を上げたいと意気込んでいました。結構、うまく回り始めていたんです。

総合海洋政策推進事務局では、領海内洋上風力発電のための法整備などもやっていましたが、MDAは国家安全保障直結の話です。当時の甲斐正彰総合海洋政策推進事務局長が米国政府に乗り込んで熱心に調整したりしていた。MDAは、気象、海洋などの自然情報や、船舶交通情報などをすべて取り込んでいく。それだけではなくて自衛隊、海上保安庁に集まってくる治安・防衛系の情報にものすごいものがある。これがぜんぶ政府に入ってくる。一般の官庁は、治安・防衛関係の機密情報には触れられない。だから国家安全保障局が間に入って、総合海洋政策本部と協力して、雲とか台風とかを見ている衛星情報とか、水温などを見ている海洋観測船情報とか、商船・漁船の位置情報とか、そういう一般の情報と、密輸船や敵軍艦などの治安・防衛関係の情報をできるだけまとめて繋いでいこう、それで米国などの同盟国、友邦国とも協力し合おうという話があるわけです。それで閣議決定も2〜3本打ったんです。打ったんですけど、毎年局長が代わるので、ある時点から誰もやらなくなってしまった。

佐々木　私はもう古い時代しか知らないんですけど、宇宙とか海洋が内閣府に移ったのはいつ頃ですか。

兼原　私が政府を出る2〜3年前なので、２０１６年とか17年とか、そんなもんだと思いますよ。みんな心配していたので、それでも海洋本部、宇宙本部の本部長は総理なんだから総理のご威光を借りて仕事をするしかない、事務局は内閣府に下りるけれども本部自体は総理が主宰するってところを最大限利用するしかないよ、と言ったんですけど、やはり徐々に形骸化している気がします。高見澤さんがおっしゃるように、内閣官房の国家安全保障局のほうから、指導すると言ったら失礼だけど、手を出して世話しないと安全保障の観点から見る限り形骸化が進みますよ。

いずれにしても、安全保障と直接関わるような部局は、これからどんどん活性化させないといけなくて、そのためには内閣官房に返す必要はなくても、内閣官房、とくにNSSとつながっていなくちゃいけないですよ。

沖ノ鳥島に空港は作れるか

髙見澤　今、沖ノ鳥島問題というのは誰が一生懸命やってるんですかね。

兼原　領土保全なので担当は国交省です。所掌が中で分かれています。島自体の大きさは結構あります。満潮時は小さな岩しか水面上に出ないんですが、干潮時になると島全体が水面上に出てきます。島の大きさは干潮時の低潮線で測りますから、実は大きい島なんですよ。満潮時は潜水艦の艦橋だけを見ている感じですが、干潮時には島全体が浮上する形になり、南北2キロ、東西4キロくらいあります。海岸部に港湾施設とかヘリポートがあるんですけど、あれは旧運輸省の港湾局なんですね。ところが島の中に入ると、これは内水扱いになって旧建設省の河川局（現国土交通省水管理・国土保全局）の所掌なんですよ。だから、島の中にある満潮時に水面上に出る岩の保全は旧河川局がやっています。

かつて中国が南シナ海のミスチーフやスビやファイアリークロスといったサンゴ礁を軍事空港化している時、安倍総理に沖ノ鳥島にも空港が作れるかと聞かれたことがあります。実は、沖ノ鳥島は九州からパラオに伸びる大海底山脈の山頂ですから、岩盤はしっかりしていて、旧帝国海軍も空港を建設しようとしたことがあります。広大な大洋にポツンとある島ですから、航空拠点を作る意味は十分にあります。戦略的に活用できればおいしい島なんです。実はそれが目的で、昭和6年（1931年）に日本が自国領とした島です。当時は無主地で、諸外国のどこも文句を言わなかった。

当時はNSSもまだなくて、国交省の知恵を借りて手探りで検討したんですが、羽田のD滑走路のような下を海流が通っていく桟橋型の空港ならできると言われました。やろうと思えばできるんですって。ただし2兆円くらいかかる、と。中国のような浅瀬のサンゴ礁を埋め立てて造る空港なら数百億円なのですが、沖ノ鳥島は海底山脈の山頂なので、資材と土を本土から運ばなくてはならない。2兆円と聞いてしりごみしたのですが、安倍総理は「本当に必要なら国民を説得するんだけどね」って惜しそうに言われていました。今は、責任を持っているのは、だから国交省です。

佐々木　確かにね。あそこは領土であると言った以上は、港湾の護岸と言うんですか、内側は完全な普通の日本の国内と同じになる、と。あれが河川局の管轄だとは知らなかったです。

学術会議の問題

兼原　最後に科学技術や学術会議の話をしてもいいですか。内閣府の中で国家安全保障に密接に関係していながら、全く関係が築けなかったのが総合科学技術・イノベーション会議（ＣＳＴＩ）担当事務局です。

私、全然知らなかったんで不明を恥じますが、内閣府の学術会議って、国家安全保障に敵対的なんですよね。戦後ずっと軍事研究をしないという方針を貫いてきました。今は、民生技術でも軍事に利用される研究はしないという話になっています。総理の命に平気で逆らう組織が内閣府の中にあること自体が驚きでした。

ＧＨＱの頃に作った組織なので、当然、軍事研究は禁止されるわけです。当時、学界内はマルクス主義の影響が強かったから、ソ連風のアカデミーができて、日米同盟や日本再軍備には頭から反対だった。吉田総理は民営化を考えたようですが、そのまま残ってしまった。そこで時間が止まっているのが学術界です。

学界自体が偏向しているわけではありません。文科省の中の科技庁系の人たちとか、普通の科学者は古いイデオロギー論争に何の関心もない。後にいる事務局の人たちが古い平和主義に凝り固まっちゃっている。大学の中の雰囲気は、まるで映画の『バック・トゥ・ザ・フューチャー』で60年代に戻ったかのような絶対平和主義の世界です。

政府は予算を握っているのだから、大学が政府の言うことを聞くだろうと思ったら大間違いで、文教予算や科学技術予算はなかなか政治的に手が付けられない。予算を切ろうとすると自民党、公明党の与党だけではなく、野党も一致団結して反対する。だから手が付けられない。５兆円の文教予算を見ている主計官は、一人しかいません。政治家から圧力がかかれば、５兆円もあるので、すぐに予算をつけちゃうわけですよ。この世界、何とかしないといけないというのが分かったんですけども、なかなか難しい。歴代の文部科学大臣も苦労されています。

佐々木　文教・科学技術振興予算全体で5兆円ですか？

兼原　全体ですね。科学技術関連予算だけなら5兆円じゃないです。4兆円。総理主宰の総合科学技術・イノベーション会議が取り仕切ります。その事務局も内閣府にあります。問題になっている学術会議も内閣府の中にあって、ＣＳＴＩに常任議席を持っています。

髙見澤　今度、防衛大臣が入ることになったんですよね。

兼原　未だ入ってないです。私は現役時代から防衛担当の防衛大臣や、防災担当の国交大臣や、防疫担当の厚労大臣が入っていないのはおかしいと言っていました。ずっと内閣府の科技大臣、文科大臣、経産大臣、総務大臣で政府の研究費4兆円を仕切ってきました。

問題は、公益還元の発想がないことです。年間4兆円で5か年計画ですから20兆円。防衛省には１６００億円しか回さないのに。防衛大臣を押し込もうとしたらものすごい抵抗なんです。結局、官房長官のところにＣＳＴＩの準備閣僚会合を作ってもらって、そこに防衛大臣に入ってもらった。私が現役のうちは本体のＣＳＴＩには絶対入れませんでした。公務員が総理の言うことを聞かないというのが驚きでした。戦後すぐ、

ＧＨＱの管理下に貿易庁を作ると言われた時、外務省は次官が幹部全員の辞表をまとめて総理に持っていった。官の意地を見せるのが諫言というものです。国民から選ばれた総理の言うことを絶対聞かないけど、総理は私たちを任命する義務があるという理屈は公務員としておかしい。普通、総理に諫言を拒絶されたら辞めるのが公務員です。あの組織ってやっぱり変わった組織ですよ。

曽我　今回、会員の任命拒否問題と同時に、そうした国費の使われ方や組織そのものへの問題提起がなされましたよね。戦後長く漠然と続いて来た慣習やしがらみに事後検証のメスが入るのは健全なことだと思います。

兼原　岸田政権になって、経済安保法制が通り、官民の安全保障技術協力を進めようと、2年間で5000億円を準備しました。戦後初めてのことです。「民」と言っても、具体的には学術界のことです。これは大きな飛躍だと思います。総合科学技術・イノベーション会議の意義づけも、4兆円のばらまきから国防などの公益を見据えたものに変わりつつあると思います。研究資金配分機関である文科省の科学技術振興機構（ＪＳＴ）や経産省の新エネルギー・産業技術総合開発機構（ＮＥＤＯ）にも、安全保障に関する任務意識を持ってほしい。成功することを祈っています。

兼原信克　1959年生まれ。元内閣官房副長官補。
佐々木豊成　1953年生まれ。元内閣官房副長官補。
曽我豪　1962年生まれ。朝日新聞編集委員。
髙見澤將林　1955年生まれ。元内閣官房副長官補。

Ⓢ新潮新書

989

官邸官僚《かんていかんりょう》が本音《ほんね》で語《かた》る権力《けんりょく》の使《つか》い方《かた》

著　者　兼原信克《かねはらのぶかつ》　佐々木豊成《ささきとよなり》　曽我《そが》豪《たけし》　髙見澤將林《たかみざわのぶしげ》

2023年 3月20日　発行

発行者　佐　藤　隆　信

発行所　株式会社 新潮社

〒162-8711　東京都新宿区矢来町71番地
編集部（03）3266-5430　読者係（03）3266-5111
https://www.shinchosha.co.jp
装幀　新潮社装幀室
組版　新潮社デジタル編集支援室

印刷所　錦明印刷株式会社
製本所　錦明印刷株式会社

ISBN978-4-10-610989-8 C0231

Ⓢ新潮新書

903
どうしても頑張れない人たち
ケーキの切れない非行少年たち2
宮口幸治

彼らはサボっているわけではない。頑張れないがゆえに、切実に助けを必要としているのだ。困っている人たちを適切な支援につなげるための知識とメソッドを、児童精神科医が説く。

965
ドキュメント小説
ケーキの切れない非行少年たちのカルテ
宮口幸治

児童精神科医の六麦克彦が少年院で目にしたのは、罪を犯した加害者ながら、本来ならば保護されるべき「被害者」たちの姿だった——。累計100万部超えベストセラー新書を小説化。

520
反省させると犯罪者になります
岡本茂樹

累犯受刑者は「反省」がうまい。本当に反省に導くのならば「加害者の視点で考えさせる」方が効果的——。犯罪者のリアルな生態を踏まえて、超効果的な更生メソッドを提言する。

659
いい子に育てると犯罪者になります
岡本茂樹

親の言うことをよく聞く「いい子」は危ない。自分の感情を表に出さず、親の期待する役割を演じ続け、無理を重ねているからだ——。矯正教育の知見で「子育ての常識」をひっくり返す。

975
プリズン・ドクター
おおたわ史絵

純粋に医療と向き合える「刑務所のお医者さん」は私の天職でした——。薬物依存だった母との関係に思いを馳せつつ、受刑者たちの健康改善のために奮闘する「塀の中の診察室」の日々。

新潮新書

976
誰が農業を殺すのか
窪田新之助
山口亮子
農家の減少は悪いことではない。「弱者である農業と農家は保護すべき」という観念から脱却し、産業として自立させよ！　農業ジャーナリストが返り血覚悟で記した「農政の大罪」。

980
正義の味方が苦手です
古市憲寿
正しすぎる社会は息苦しい。戦争が起き、元総理が殺され、コロナは終わらない。揺らぐ社会をみつめ考えた、「正しさ」だけでは解決できない現実との向き合い方。

979
流山がすごい
大西康之
「母になるなら、流山市。」のキャッチコピーで、6年連続人口増加率全国トップ——。流山市在住30年、気鋭の経済ジャーナリストが、徹底取材でその魅力と秘密に迫る。

968
バカと無知
人間、この不都合な生きもの
橘　玲
50万部突破『言ってはいけない』著者の最新作。キャンセルカルチャーは快楽？「子供は純真」か？「きれいごと」だけでは生きられないことを科学的知見から解き明かす。

930
最強脳
『スマホ脳』ハンセン先生の特別授業
アンデシュ・ハンセン
久山葉子訳
コロナ禍で増えた運動不足、心に負荷を抱える子供たち——低下した成績や集中力、記憶力を取り戻すには？　教育大国スウェーデンで導入された、親子で読む「脳力強化バイブル」上陸。

Ⓢ新潮新書

943 首相官邸の2800日　長谷川榮一

サミットや米中との首脳外交、ゴーン事件、コロナ対応……総理補佐官・内閣広報官として、憲政史上最長を記録した安倍政権の7年9カ月を支えた官邸での日々を振り返る。

935 「やりがい搾取」の農業論　野口憲一

構造化した「豊作貧乏」から脱し、農家が農業の主導権を取り戻すためには何をすればいいのか。民俗学者にして現役レンコン農家の二刀流論客が、日本農業の成長戦略を考え抜く。

933 ヒトの壁　養老孟司

コロナ禍、死の淵をのぞいた自身の心筋梗塞、愛猫まるの死——自らをヒトという生物であると実感した2年間の体験から導かれた思考とは。84歳の知性が考え抜いた、究極の人間論！

922 ビートルズ　北中正和

グループ解散から半世紀たっても、時代、世代を越えて支持され続けるビートルズ。音楽評論の第一人者が、彼ら自身と楽曲群の地理的、歴史的ルーツを探りながら、その秘密に迫る。

908 国家の尊厳　先崎彰容

暴力化する世界、揺らぐ自由と民主主義——日本が誇りある国として生き延びるために、国と個人はいったい何に価値を置くべきか。令和を代表する、堂々たる国家論の誕生！